# 기록관리 전산화

## Automating Records Services

남성운 역 | 한국국가기록연구원 감수

도서출판 진리탐구

지금으로부터 4년 전 한국국가기록연구원이 출범하였다. 지난 시간을 회고해보면 아쉬움도 있고 또 앞으로 해야할 일도 산적해 있다. 그러나 한편으로는 나름대로의 뿌듯함을 느끼기도 한다. 시민기록문화전, 기록문화시민강좌 개설, 심포지엄, 기록문화상 제정, 한국기록학회 조직, 월례발표회, 한국기록관리학교육원 개원 등등, 모두가 우리의 기록문화 발전에 조석이 될 것임은 분명하다.

연구원의 출범과도 무관치 않지만 우리의 기록문화에 또 하나의 이정표라고 할 수 있는 것은 기록물관리법령의 제정이다. 법령의 제정으로 이제 우리도 근대적 기록관리체제에 들어갔다고 말할 수 있게 되었다. 그러나 법령의 제정이 바로 실시로 이어지지는 않는다. 죽어있는 법령이 얼마나 많은가. 새로운 법령이 제정되면 이에는 크고 작은 '저항과 편승'이 있기 마련이다. 새로운 기록관리법령에 대한 '저항'은 현재 법령상 존재해야할 자료관의 설치 실태만을 보아도 잘 알 수 있다. 새로운 법령에는 공공기록물은 전문가(기록관리전문요원, 아키비스트)가 관리하게 되어 있고 이들 전문가의 자격 요건도 규정되어 있다. 이에 몇 년도 안된 사이에 많은 대학에서 기록관리학 대학원과정이 신설되었다. 물론 모두가 기록관리분야 전반을 위해서는 발전적인 변화이다. 그러나 그 내실을 보면, 즉 교수, 교재, 참고도서, 실습실 등의 면에서 보면 부실하기 짝이 없는 경우도 있다. 이는 새로운 법령에 대한 '편승'이라고 할 수 있다.

그러나 '저항과 편승'을 탓하고만 있을 수는 없다. 사실 '저항과 편승'의 가장 큰 원인은 기록관리에 대한 이해의 부족일 것이다. 이를 위해 연구원은 과감히 ICA 총서시리즈를 번역하기로 결정하였다. 단순한 번역은 아니다. 권수로도 30권이 넘는다. 양도 양이거니와 여러 사람이 나누어 번역할 수밖에 없기에 통일성을 기하기가 무척 어려우리라 예상된다. 그럼에도 불구하고 한국 기록관리학의 기초를 놓는다는 심정으로 번역을 시작하였다.

본 총서시리즈는 국제기록관리재단(International Records Management Trust)과 ICA에서 공동으로 추진한 결과물로, 국제적으로 널리 이용될 수 있는 최선의 기록관리 업무 방식 도출을 목적으로 하였다. 또한 기록관리 전문가 외에도 체계적으로 기록학에 접근하지 못했던 사람들에게 학습모듈을 제공하려는 의도에서 만들어졌다. 이 때문에 기록관리시스템이 불충분하거나 적절한 기록관리 교재와 교육인프라가 결핍된 국가에게는 유용한 교재가 될 것이다.

기록관리 분야의 실무와 학문이 발전일로에 있는 우리나라에서도 이 교재의 보급이 시급함은 물론이다. 앞으로 이 학습교재가 공공부문의 기록관리전문가를 위해서 뿐만 아니라 민간부문에서도, 그리고 아키비스트의 업무능력과 전문성을 높이는 데에서도 널리 활용되기를 바란다.

본인은 2000년 9월, 연구원을 대표하여 스페인 세빌리아에서 개최된 ICA총회에 참석하였다. 회의 규모의 크기에도 놀랐지만 개최국의 선진적 기록관리 및 보존에도 놀랐다. 아시아에서는 유일하게 1996년 중국의 북경에서 개최되었다고 하니 중국의 문화적 깊이를 보여주는 듯하다. 한국의 서울에서 ICA총회가 열릴 기록관리 선진국을 기대하며, 본 역서가 그런 기대에 일조하기를 바라마지 않는다.

본 역서를 내면서 감사드려야 할 분들이 있다. 먼저 한국국가기록연구원의 참뜻을 이해하여 저작권에 대한 비용을 과감히 포기해준 ICA 관계자 여러분들에게 감사의 뜻을 표하고자 한다. 또 상업성을 떠나 선뜻 출판을 맡아주신 진리탐구의 조현수 사장님 및 편집부 일동에게 진심으로 감사드린다. 마지막으로 그다지 좋지 못한 조건에도 불구하고 번역을 흔쾌히 맡아주신 번역자 여러분들에게 깊은 감사를 드린다.

김학준(한국국가기록연구원 원장)

## ● 역자 서문

　현재 공공 부문이나 사설 부문의 기관들은 서비스와 프로그램을 보다 효율적으로 전달하기 위하여 점점 더 많이 정보기술과 컴퓨터에 의존한다. 기록관리기관들도 이러한 경향에서 예외는 아니다. 대부분의 기록관련 활동은 어떤 유형으로든 자동화되고 있는 추세이다. 따라서 자동화에 대한 대내외적 무언의 압력은 대단하다. 인스턴트 정보시대의 도래와 더불어 정보와 기록 및 영구기록의 지식산업화와 그에 대한 접근열람에 대한 요구가 증가하고 있고, 따라서 그 접근속도도 역시 고속을 요구하고 있다. 이러한 현실과는 달리 기존의 수동시스템은 작업의 반복 및 노동력 투자를 가중시키는 결과를 초래하고 있다. 수동시스템은 많은 시간을 낭비하고 있으며, 비용이 많이 들고, 인간의 실수에 대한 대처능력이 탄력적이지 않다. 이러한 현실을 파타하기 위한 업무 전산화는 신기술의 도입과 실행에 앞서 적절한 업무 분석과 올바른 계획이 확립되어야 만 성공할 수 가 있다. 기록관리업무 분야에 올바른 기준의 부재, 부적절하고 부실한 처리절차 등을 단지 컴퓨터만으로는 해결하려는 태도가 기록관리의 전산화를 망칠 수 있다. 즉 컴퓨터가 적절하게 설계된 분류시스템의 대체나 대안이 될 수는 없기 때문이다.

　자동화의 성공은 처음 시작할 때 기존에 있던 수동 기록물관리 과정이 잘 설계되어 있음을 검증하는 것이 중요하다. 조잡한 관리체계를 자동화한다고 그것들을 보다 효율적으로 만들지는 않기 때문이다. 기록물관리의 기본적인 원칙과 원리 그리고 그 기능들에 대해 철저히 이해를 하는 필수적인 단계를 반드시 거쳐야 한다. 그리고 업무시스템분석을 통해 사람, 업무, 기관조직, 정보흐름, 기타 다른 요소들과의 상호관계 등을 확인하고 분석하여야 한다. 기존 체계 및 요소들이 효율적일지라도 컴퓨터와 같은 새로운 요소들이 도입되면 균형이 깨질 수 있기 때문이다. 그리고 새로운 시스템 구축하기에 앞서 새 기술 도입이 업무현장에서 야기할지도 모르는 잠재적인 문제들에 대해서도 분석할 필요가 있다.

　끝으로 본 서가 기록관리분야의 업무를 자동화하는 있어 조인적 역할을 통해 조금이나마 도움이 되었으면 하는 바램이 간절하다.

2002. 12. 13.

남성운 씀

# 차례

# 표, 그림

# 『기록관리 전산화』소개

『기록관리 전산화(Automating Records Services)』는 기록관리 및 보존 업무를 관리하기 위하여 정보기술을 사용하는 것과 관련된 문제들을 개관한 것이다. 본 모듈에서 제공하는 정보는 각 기관의 설정환경에 맞추어 기록관리시스템에 직접 적용하지만, 제공된 지침서는 또한 행정기록물, 수집문서대장, 검색도구의 전산화를 포함하여 기록관리기관의 시스템 자동화에 적용할 수 있다. 이 모듈은 생산부서(Originating office)에서 기록물 관리의 책임을 지고 있는 사람이나 기록물관리 업무부서로 이관된 후에 기록물 관리업무를 책임지고 있는 사람들에게 적용된다. 이 모듈에서 제공된 정보는 문서과(records office), 자료관(records centers), 기록관리기관(archival institutions) 등에서 각각의 특정한 요구에 따라 동등하게 적용된다.

이 모듈은 전산화가 기록관리업무(record-keeping work)에 속하는 경우의 장점과 컴퓨터 기술을 선택하여 구축하고 평가하기 이전에 업무시스템 분석, 개발계획, 비용분석, 자동화 선택사양에 대한 평가 등을 포함하는 다양한 업무활동들이 자동화를 효율화하는데 얼마나 중요한지를 상세하게 조사한다. 이 장은 기존의 기능들을 단순히 자동화하는 것이 아니라 기록관리 및 보존업무 목적을 수행할 수 있도록 최상의 기술적용을 확인하는데 초점이 맞추어져 있다.

이 모듈은 자동화 프로젝트에서 취해질 수 있는 각 단계들을 체계적으로 연결하는 여섯 개의 과로 이루어져 있다. 1과는 자동화 실행 가능성을 평가하기 위해 현재의 기록관리 및 보존 기능에 대한 시스템 분석의 필요성에 대해 논한다. 또 자동화 시스템 구축에 앞서 적절하고 치밀한 계획 수립이 얼마나 중요한지에 대해서도 점검한다. 2과는 요구조건의 설정 및 자동화 시스템의 구매에 관한 문제를 개관한다.

3과에서는 직원들에 대한 훈련과 평가를 포함하여 실행 문제들을 논한다. 4과에서는 데이터 구조, 데이터 표준, 데이터 가치 등을 조사하고 효율적인 운용을 위한 데이터 기입의 중요성을 설명한다. 5과에서는 보존 및 열람(접근)을 위한 수단으로서 디지털화를 둘러싼 문제들과 처리과정을 점검한다. 6과에서는 자동화 주제에 대한 보충자료의 출처를 밝히고, 기록물 시스템 자동화를 위한 우선순위를 정한다.

각 과의 제목은 다음과 같다.

제1과 : 자동화 프로그램의 계획

제2과 : 기술적인 요구조건 확인과 컴퓨터 장비 선택

제3과 : 자동화된 기록물 관리프로그램의 구축과 유지

제4과 : 데이터 입력항목을 위한 표준과 처리절차 개발

제5과 : 디지털화

제6과 : 다음에는 무엇을 할 것인가?

『기록관리 전산화(Automating Records Services)』는 이 학습 프로그램에 있는 몇몇 다른 모듈들과 함께 읽어야 한다. 비록 기록관리의 개념이나 주요 원리나 응용에 관해 전체적으로 언급되고 있기는 하지만 이 모듈이 그러한 것에 대한 입문서는 아니다. 이러한 원리들에 대한 소개는 이 학습 프로그램에 있는 다른 핵심 모듈에서 찾을 수 있을 것이다.

『기록관리자를 위한 전산시스템(Understanding Computers: An Overview for Records and Archives Staff)』에서도 이 모듈 전체를 통해 언급되고 있는 주요용어에 대한 정의와 기본 개념에 대한 설명을 제공하고 있다. 『업무 시스템 분석(Analysing Business Systems)』은 이 모듈의 1과에 필수적인 배경이 될 것이다.

1과에서 제공하는 많은 프로젝트 관리지침들은 『기록관리의 전략계획(Strategic Planning for Records and Archives Services)』에서 보다 상세하게 논의된다. 『현용기록: 생산과 관리(Organizing and Controlling Current Records)』는 3과(자동화된 기록물 관리프로그램의 구축과 유지)와 4과(데이터 입력항목을 위한 표준과 처리절차 개발)에 있는 개념들에 대한 좋은 소개가 될 것이다.

사용자들은 어떤 전산화 프로세스를 시작하기에 앞서 특히 『현용기록: 생산과 관리(Organizing and Controlling Current Records)』와 이 모듈을 학습하는 것이 좋다. 『기록관리 전산화(Automating Records Services)』는 기존의 종이문서시스템이나 수동시스템의 전산화에 초점을 맞추고 있다.

기록관리시스템의 전산화는 기관의 업무기능을 지원하는 전반적인 자동화 작업 과정의 첫 단계이다. 전자기록물관리는 보완적인 자동화 활동이다. 이 모듈의 이용자들은 자동화의 몇몇 다른 면, 그리고 그것이 어떻게 기록물관리시스템의 전반적인 관리에 영향을 미치는가를 상세히 조사하기 위해 또 다른 모듈인 『전자기록물관리(Managing Electronic Records)』편의 조언을 구할 필요가 있다.

# 목표와 성과

## 목표

이 모듈은 8가지 주요 목표를 가지고 있다.
1. 기록관리시스템에서 자동화의 목적·역할·본질의 설명
2. 자동화하는데 적당할 수 있거나 혹은 적당하지 않을 수 있는 활동이나 기능의 설명
3. 자동화된 프로그램을 설정하는데 있어서 포함되는 기술적인 필요조건의 개요 설정
4. 적합한 컴퓨터 장비 및 운영 시스템과 소프트웨어를 결정하는데 포함된 과정 논의
5. 자동화된 기록물시스템의 특정 요소 설명
6. 자동화된 기록관리시스템의 실행과 유지에 관련된 단계에 대한 논의
7. 표준화와 일관성이 자동화된 시스템의 능력에 어떻게 영향을 미치는지 검토
8. 보다 나은 정보화와 자동화로 가는 방향 논의

## 성과

이 모듈을 마치고 나면 독자는 다음과 같은 사항을 이해하게 된다.
1. 자동화에 관한 주요 논점
2. 자동화 프로젝트 계획방법
3. 자동화 관련 기술적인 필요조건
4. 적합한 컴퓨터 장비 및 운영 시스템, 소프트웨어를 결정하는 과정
5. 자동화된 기록물시스템의 특수한 요소들
6. 자동화된 기록관리시스템의 실행 및 유지와 관련된 단계
7. 표준화와 일관성이 어떻게 자동화된 시스템의 능력에 영향을 미치는가
8. 보다 많은 정보를 얻을 수 있는 곳

# 학습방법과 평가

이 6과의 모듈을 학습하는데는 약 56시간이 필요하다. 독자들은 다음과 같이 시간을 배당하도록 계획하면 될 것이다.

1 과에 8시간
2 과에 10시간
3 과에 10시간
4 과에 10시간
5 과에 10시간
6 과에 8시간

이것은 교재를 읽고 학습문제를 푸는데 드는 시간을 포함한 것이다.

각 과의 마지막에는 주요 요점을 요약해 놓았다. 6과에서는 보충자료가 제공된다.

각 과에는 연습문제를 통하여 제공된 정보에 대해 독자가 생각해볼 수 있도록 하였다. 각 연습문제는 자기 평가 방식이다. 거기엔 '정답' '오답'이 있을 수 없다. 오히려 그것은 독자가 생각을 제시하고 그 생각을 학습이나 작업환경에 적용시킬 수 있게 상세히 조사하도록 장려하고 있다. 만일 독자가 이 모듈을 독립적으로 학습하고 기록관리기관과 장기보존 관리기관의 일원이 아니라면 독자는 가상적인 상황에서 그 연습문제들을 풀기 위해 노력해야 한다. 만일 그 연습문제가 어떤 것을 쓰도록 제시한다면 독자는 이 모듈에 실린 개요와 요점을 유지해야 한다. 이것은 평점이나 등급이 매겨지는 것이 아니므로 독자는 배운 정보를 이해하는데 필요한 만큼의 시간을 연습문제에 할애하면 된다. 각 장의 마지막엔 활동에 대한 조언이 있는데 그것은 여러분의 작업을 평가하는데 도움을 줄 것이다.

각 과의 마지막에는 요약정리에 이어 자기학습 문제가 있다. 이러한 자기학습 문제들은 독자가 이 모듈의 자료들을 복습하는 것을 돕기 위해 고안되었다. 이들은 등급을 매기거나 채점하기 위한 것이 아니다. 독자는 제시된 개념을 이해하는데 도움이 되도록 많은 문제들을 풀어야 할 것이다. 평점이나 시험 등의 외적인 평가는 모듈이 등급을 매기는 교육 프로그램의 일부로 이용될 때만 별도로 실시하게 될 것이다.

## 보충 자료

이 모듈은 독자가 문서과, 자료관 혹은 기록관리기관에 접근할 수 있거나 기록관리시스템의 관리에 관여하고 있는 사람이라고 가정한다. 이상적인 것은 독자가 자동화에 관여하거나 자동화 프로젝트를 고려하고 있는 경우이다. 다양한 연습문제들은 여러분 고유의 경험을 끌어내거나 그것들을 교재에 제공된 정보와 비교하도록 요구할지도 모른다. 만일 여러분이 자동화된 시설이나 다른 자원들에 접근할 수 없다면 여러분은 연습을 위해서 가상적인 상황을 개발할 필요가 있을 지도 모른다. 아니면 여러분은 자동화 작업에 관여하고 있는 동료들과 원리나 개념들에 대해 토론하고 여러분이 이해한 것과 그들이 이해한 것을 비교해 볼 수도 있을 것이다.

## 사례연구

다음 사례연구는 중요한 보충자료를 제공할 것이다.

### 사례연구

3: Rosemary Murray-Lachapelle, Canada, 'Managing Electronic Documents in Office Systems using IMOSA'(IMOSA를 이용한 사무 시스템에서의 전자문서 관리)

4: Laura Millar and Harry Akussah, Ghana, 'Developing an Automated National Records Center Management System in Ghana'(Ghana의 자동화된 국가 기록물 센터 관리시 스템 개발)

5: Victoria Lemieux, Brian Speirs, Nicolas Maftei, Jamaica. 'Automating the Archives and Records Management Programme at the University of the West Indies'(서인도 대학의 기록관리 프로그램 자동화)

6: Laura Millar, Canada. 'Systems Downfall or Organizational Shift? Automation at Andover University Archives'(시스템의 실패인가 조직적인 이동인가? 안도버대학 아카이브즈 자동화)

10: Chris Seifried, Canada, 'Management Decision Making and Teamwork Case Study' (의사결정 관리와 팀웍 사례 연구)

14: Cassandra Findlay, Australia, 'Development and Implementation of the Immigration Department's New International Traveller Movements System'(이민부의 새로운 국제 여행자 이동시스템의 개발과 실행)

# 자동화 프로그램의 계획

1과에서는 기록물관리를 위한 자동화 프로젝트 계획과 관련된 각 단계들을 개관한다. 자동화 개념과 자동화의 이유에 대한 논의로 시작하여 그 다음에는 기록물관리에서 자동화의 이용가능성을 논의한다. 여기에는 자동화가 향상시킬 수 있는 기록물관리의 기능에 대한 간단한 논의가 포함된다. 그리고 나서 업무시스템 분석이 어떻게 기록물관리에 적용될 수 있는지 살펴보고 자동화 프로젝트 계획과 관련된 단계들을 개관한다. 다음과 같은 단계들이 논의될 것이다.

- 기본적인 업무 처리과정 이해하기
- 계획과 평가의 중요성 인식하기
- 자동화가 실시될 환경 이해하기
- 최초 평가 수행하기
- 목표, 목적 그리고 우선순위의 개발
- 자원 수요 결정하기
- 프로젝트에 대한 지지 얻기
- 실행 가능성 연구 수행하기
- 프로젝트팀과 프로젝트 구조 만들기

## 1. 자동화란 무엇인가?

자동화란 기록물 관리와 영구기록관리 기능을 촉진시키기 위해 사용되는 도구이다.

> **자동화(Automation):** 사람들에 의하여 정상적으로 수행되고 통제되는 임무를 기계나 시스템을 이용하여 수행하는 것.

일상생활에서도 세탁기나 식기 세척기를 사용하여 세탁하거나 설거지를 하는 것, 자동차나 트럭을 이용하여 물건을 옮기는 것, 전자계산기를 사용하여 숫자를 더하는 것 등 많은 기능들이 자동화 될 수 있다. 이 모듈에서 자동화라는 것은 문서과, 자료관, 기록관리기관 등에서 행정처리 및 정보처리 업무를 관리하기 위해 컴퓨터를 활용하는 것을 말한다.

컴퓨터는 현명하게 사용한다면 기록물관리자가 기록물의 지속적인 가치를 증거로서 더 잘 확보할 수 있도록 도와준다. 자동화는 기록물 스케줄과 기술적인 표준의 일관성 있는 적용뿐 아니라 기록물의 전 생애주기에 걸쳐 향상된 기록물에 대한 흔적의 추적을 통하여 기관이 확실하고 믿을 만한 기록관리 업무를 실행할 수 있도록 도와준다. 거짓없고 신뢰할 만한 기록물의 법적 증거능력을 보존하는 것은 훌륭한 업무수행과 사회적으로 가치있는 기록물 보존의 초석이다.

> *일상 생활에서 많은 기능들이 자동화 될 수 있다.*

자동화는 컴퓨터 기술을 이용하는 다양한 응용프로그램을 말한다. 이 모듈에서는 다양한 응용프로그램에 대해 논할 것이다. 여기에는 이를테면 워드프로세싱, 스프레드시트, 데이터베이스 혹은 특별히 쓰여진 기록물 관리 응용프로그램 등과 같은 일반적인 소프트웨어를 사용하는 응용프로그램 등이 포함된다. 컴퓨터는 독립적으로 또는 네트워크(LANs, WANs, intranet, 혹은 인터넷)를 사용하여 연결될 수 있고, 여러 가지 주변장치(이를테면, 스캐너・바코드 판독기・프린터 등)를 사용할 수 있다.

컴퓨터 소프트웨어와 하드웨어에 대한 더 많은 정보를 얻으려면 『기록관리자를 위한 전산시스템』을 보라.

*컴퓨터 네트워크(Computer Network):* 사용자 그룹이 정보를 공유하고 교환하는 것이 가능하도록 통신망으로 서로 연결된 컴퓨터 및 주변장치들

*근거리 통신망(Local Area Network):* 빌딩, 기관, 대학 캠퍼스 같이 비교적 한정된 영역 내에 설치된 컴퓨터 네트워크 LAN으로 알려짐.

*원거리 통신망(Wide Area Network):* 광범위한 여러 지역에 걸쳐 있는 컴퓨터 네트워크

*인터넷(Internet):* 데이터를 교환하고 처리하는 업무를 분배할 수 있도록 서로 연결된 국지적, 지역적, 국가적인 컴퓨터 네트워크의 집합.

*인트라넷(Intranet):* 한 기관에 속해 있고, 그 기관의 구성원만 접근이 가능한 기관 내부의 컴퓨터 망.

## 2. 무엇이 자동화되어야 하는가?

다양한 범위의 기술 응용 프로그램 및 이용 가능한 기능들은 기록물이나 영구기록물 문제에 대해 특정한 기술적 해결책을 선택하는 것을 어렵게 할 수 있다. 이 모듈은 이러한 의사결정 과정에서 독자들에게 도움을 줄 수 있게 설계되어 있다.

문제는 기록물 관리 및 보존 기능이 자동화될 수 있느냐는 것이 아니다. 만일 자원들이 이용 가능하다면 많은 기능들은 자동화될 수 있다. 그러나 자동화가 정당한 것인지를 결정하는 것이 중요하다. 이 때 다음의 두 가지를 질문해보아야 한다.

1. 특정 기록 및 영구기록 관리기능이 현 시점에서 자동화되어야 하는가?
2. 특정 기록 및 영구기록 관리기능이 어떻게 자동화되어야 하는가?

이 모듈 전체에서 강조하고 있지만, 모든 기록 및 영구기록 관리기능들은 그것들이 자동화되기 이전에 수동식 체제에서 기능적으로 완전하게 작동되어야 한다. 비효율적인 과정을 자동화한다고 해서 그것이 효율적인 것으로 전환되는 것은 아니다. 그러나 정확하게 수행된

다면, 자동화는 기록 및 영구기록관리 기능을 향상시킬 뿐만 아니라, 일반적인 기준에서 볼 때 너무 복잡하거나 시간이 걸려 과거에 할 수 없었던 활동들을 가능하게 한다.

> *모든 기록 및 영구기록 관리기능들은 그들을 자동화하려고 시도하기 전에 먼저 수동식 체제에서 기능적으로 완전하게 작동되어야 한다.*

비효율적이고 비효과적인 수동처리과정을 단순히 자동화한다고 해서 기관이 목표를 달성하는데 도움이 될 수 없기 때문에, 몇몇 기관은 자동화를 예상하여 시스템 분석과 업무처리 재설계를 고려해야 할 것이다.

---
**업무처리 재설계(Business Process Re-engineering ; BPR):** 비용, 품질, 서비스, 속도 등과 같은 업무수행의 주요 성과지표에 극적인 향상을 달성하기 위해 업무처리 과정에 대해 기본적으로 재고하고 근본적인 재설계를 하는 것
---

> *업무처리 재설계에 대해 보다 많은 정보를 원하면 『업무시스템분석(Analysing Business Systems)』을 보라.*

자동화 프로젝트를 시작하기 전에 요구되는 직원들의 집중도와 이용 가능한 자원에 대해 고려하는 것 또한 중요하다. 재정적인 자원도 중요하지만, 어떤 자동화 과정이든 사람들이 훨씬 중요한 요소이다. 자동화 추진을 고려할 때 주요 지지층(stakeholder)을 확인할 필요가 있다.

---
**지지층(Stakeholder):** 한 기관의 관심 · 자원 · 결과물에 대해 요구할 권리를 갖고 있거나, 그 결과물에 영향을 받는 사람 · 그룹 · 기관.
---

이러한 지지층(stakeholder)에는 그들의 기록물을 보존하고, 정보를 공급하며 또는 요청이 있을 때 특정 파일들을 돌려주는 등의 업무수행을 위해 기록관리기관에 의존하고 있는 정부관리들이 포함될 수 있다. 또 다른 지지층(stakeholder)으로는 이를테면, 재산 파일과 같은 중요한 기록들을

보존하거나 관련 정보를 찾아보기 위해 기록관리기관에 의존하는 일반시민들과 기록관리기관에 근무하는 직원들이다. 연구자들도 또 다른 주요한 지지층 집단이 될 수 있다. 연구자들은 정보와 기록물이 그들에게 이용 가능하도록 만들어지는 방법에 따라 직접적인 영향을 받는다.

자동화 프로그램이 성공하느냐 실패하느냐 하는 문제는 종종 지지층으로부터 받는 지원에 달려있다. 자동화는 작업처리과정에 대한 재설계 문제를 제기할 수 있고, 그 결과에 따라 직원들의 업무와 서비스의 제공 방법이 바뀔 수 있다. 작업환경의 변화에 대한 사람들의 수용능력을 평가하는 것과, 그러한 변화에 대비하여 그들이 준비할 수 있게 하는 것이 중요하다. 직원은 컴퓨터 기술을 훈련받아야 될지도 모른다. 마찬가지로 만일 사용자들이 기술 자체를 사용하여야 한다면 자동화된 시스템에서의 작업방법에 대한 훈련을 받아야 할 것이다

## 자동화의 이유

자동화는 기록관리기관의 일상적인 업무운영과 계획을 용이하게 하는 도구로서 간주되어야 한다. 제대로 실행된다면, 자동화는 직원들의 업무 효율성을 증진시킬 수 있고, 반복적이고 따분한 일들을 자동으로 수행할 수 있으며, 수동으로 할 때보다 더 빠르게 데이터 분석을 할 수 있다. 기존의 수동 정보시스템은 점차 증대되고 있는 전산화로 사회에 만연한 높은 기대나 기준뿐만 아니라 증가 추세에 있는 사용자들의 욕구를 만족시켜줄 수 있을 만큼 충분히 빠르지도 않았고 정교하지도 않았다. 만일 사람들이 컴퓨터를 사용하여 사무실이나 기관에 관련된 정보에 접근할 수 있다는 것을 알게 된다면 그들은 곧 다른 사무실들도 그와 같은 수준의 서비스를 제공하는 것으로 믿게 될 것이다.

공공 부문이나 사설 부문의 기관들은 그들의 서비스와 프로그램을 보다 효율적으로 전달하기 위하여 점점 더 정보기술과 컴퓨터에 의존한다. 기록관리기관들도 이러한 경향에서 예외는 아니다. 대부분의 기록관련 활동은 어떤 유형으로든 자동화될 수 있다. 예를 들어 워드프로세서는 서신연락, 소장목록 개발, 보고서 작성 등에 사용될 수 있다. 스프레드시트는 예산 관리나 프로젝트 지출 추적에 사용될 수 있다. 데이터베이스는 직원에 대한 정보나 기록물 또는 영구기록에 대한 정보를 보존할 수 있다.

> 자동화는 일상적인 업무운영과 계획을 용이하게 한다.

자동화에 내한 압력은 대난하다. 인스턴트 정보시대의 도래와 더불어 정보와 기록 및 영구기록에 대한 접근 속도도 빨라져야 한다는 요구가 증가하고 있다. 게다가, 기존의 수동시

스템은 작업의 반복과 투자되는 노력을 가중시키는 결과를 초래할 수 있다. 수동시스템은 시간을 낭비하며, 비용이 많이 들고, 인간의 실수에 대해 비탄력적이기 쉽다. 그러나 아래에서 논의되겠지만, 전산화는 신기술의 도입과 실행에 앞서 적절한 분석과 계획이 확립되어야만 효과적이다. 컴퓨터만으로는 기록물 및 영구기록의 관리 업무에서 기준 부재나 부실한 처리절차 등을 해결하는 방법이 될 수 없다. 예를 들면, 컴퓨터가 적절하게 설계된 분류시스템(Classification system)의 대체물이 되거나 대안이 될 수가 없다. 한편으로는, 이와 같은 분류시스템이 전산화되기 이전에 정상적으로 운영된다면 컴퓨터는 그것을(분류시스템) 자동화할 수 있고, 접근을 용이하게 하고, 빠른 접근 검색구조를 제공하고, 종이 기록물에 타당한 파일번호를 빠르고 효율적으로 부여할 수 있게 해 줄 것이다.

어떤 조직은 여러 가지 이유로 기록 및 영구기록의 관리기능을 자동화하거나 또는 관련된 실제적인 어떤 기능들을 자동화하고자 할 것이다. 다음은 그러한 이유가 될 수 있는 것들이다.

- 정보 및 계산의 정확성
- 빠른 정보 검색
- 일단 입력된 정보에 대한 신뢰성
- 일단 입력된 데이터를 조작할 수 있는 능력의 증가
- 일상적인 업무를 수행하는데 있어 대단히 큰 정확성과 일관성을 보장할 수 있는 능력
- 정보 저장을 위한 대규모 용량
- 정보에 대한 접근 가능성
- 컴퓨터 시스템의 확장성
- 컴퓨터 시스템의 유연성
- 운영 유지비용의 효율성
- 인적자원의 효율적인 이용
- 공간과 장비의 절약
- 빠른 업데이트
- 정보에 대한 동시 다발적인 접근
- 작업과정에의 새로운 접근방법

---

### [연습 1]

앞으로 나가기 전에, 만일 여러분 기관의 몇몇 업무활동이 자동화된다면 무슨 이점이 있는지에 대해 써 보라.

---

자동화는 새로운 파일 라벨이나 색인카드 작성 등과 같은 반복작업을 제거하는데 도움을 준다. 컴퓨터는 라벨을 자동적으로 인쇄할 수 있고, 색인을 정기적으로 갱신하며, 이미 컴퓨터에 입력되어 있는 데이터에 근거하여 보고서를 작성하고, 그렇지 않으면 작업시간을 줄이거나 효율성을 증대시킨다. 그러므로 직원들은 보다 중요한 업무에 집중할 수 있다.

몇 가지 업무에 대한 전산화는 보다 많은 유연성을 제공한다. 예를 들면, 컴퓨터는 정보의 검색 가능한 필드나 속성을 가지고 색인을 조직화하고 유지하는 것을 가능하게 한다. 결과적으로 컴퓨터는 정보에 대한 여러 접근점을 제공한다. 이러한 접근은 어떤 항목에 대한 정확한 전문용어를 모르는 사용자들이 항목 검색시 검색을 용이하게 할 수 있다.

또한 컴퓨터는 검색도구, 매뉴얼 분류 그리고 비교적 쉬운 색인 등의 유지와 업데이트를 허용한다. 변화로 인한 문제는 빠르게 데이터베이스에 입력될 수 있고, 출력되는 결과물에 즉시 반영될 수 있다. 컴퓨터를 여러 대 사용할 수 있다면 기록관리기관 직원 여러 명이 동시에 데이터베이스에 접근이 가능하다. 따라서 기록물 저장 위치에서 멀리 떨어져있는 직원들도 새로 정정된 정보를 그 즉시 볼 수 있으므로, 그들이(기록물) 중앙기록관리기관 사무실에 물리적으로 소재하게 될 때까지 기다릴 필요가 없다.

공간을 절약하는 문제는 컴퓨터를 사용함으로써 달성될 수 있다. 예를 들면, 컴퓨터는 사용자들에게 보관 및 폐기에 대한 기한을 알려주도록 프로그램 될 수 있기 때문에 기록물이 처리일정표(schedule)에 따라 이관되거나 폐기되도록 해준다. 영구기록 관리환경에서 컴퓨터는 그 안에서 뿐 아니라 멀리 떨어져있는 사용자들에게 보다 일관성 있고 이용 가능한 검색도구를 만드는 데 사용될 수 있다. 컴퓨터는 사무실용품 및 장비에 대한 수요를 줄일 수 있고 결국에는 비용을 절약할 수 있게 한다.

네트워크로 연결된 컴퓨터는 전 세계의 기록전문가들 뿐 아니라 다른 정부기관과의 연결을 증가시켜 준다. 인트라넷은 기록관리기관을 정부기관들과 연결하여 기록 관련 질문에 대해 빠르게 응답할 수 있게 해준다. 기록전문가들은 인터넷을 통해 전문자원을 검색할 수 있고, 프로그램을 개발하는데 있어 다른 유사한 기관들로부터 그들에게 도움이 되는 정책모형과 절차 그리고 매뉴얼을 찾을 수 있을 것이다. 그들은 또한 전문가로 성장하는 데 도움을 줄 수 있는 관련 분야의 동료들과 더 용이하게 의사소통을 할 수 있을 것이다.

# 3. 자동화의 이용

문서과 및 자료관에서 운영되는 대부분의 업무가 자동화
될 수 있다.

자동화된 기술들은 다양한 범주의 기록물 기능을 위해 사용될 수 있다. 그러나 이것은 그러한 모든 운영들이 반드시 전산화되어야 한다는 의미는 아니다. 다음은 무엇을 자동화할 것인가, 무엇을 자동화해선 안 되는가, 자동화 처리과정에 이 기능의 우선순위를 정하는 방법에 관해 고려한 것이다.

기술이 적용될 수 있는 잠정적인 기록관련 기능에는 다음과 같은 것들이 있다.

- 통신, 인사관리, 회계, 보고와 같은 행정적인 임무.
- 현용 기록물의 분류와 목록작성
- 파일 라벨의 출력
- 현용 기록물의 스케줄작성
- 현용 및 준현용 기록물의 소재위치와 추적
- 현용 및 준현용 기록물의 이용을 인가받은 이용자에 대한 정보
- 자료관이나 기록관리기관으로 처리해야 하는 기록물의 확인
- 현용 및 준현용 기록물, 영구기록을 위한 물리적 공간 및 저장 관리
- 자료관의 소장물 관리
- 영구기록의 수집과 이관
- 기록보존소의 기증파일
- 보존 평가
- 영구기록의 참조 및 검색
- 이용자 및 연구자 등록
- 기록 및 영구기록에 대한 기술적(descriptive) 정보 및 검색도구의 규정
- 기록관리업무에 관한 관리정보의 생산

---

### [연습 2]

앞으로 나가기 전에, 여러분의 기관에서 자동화될 수 있는 기록 관련 기능들을 써 보라.

---

컴퓨터 시스템에 가능한 응용프로그램을 생각하는 또 다른 방법은 기관을 둘러싼 문제나 어려움을 조사하고 그것들이 자동화로 인해 쉬워질 수 있는지 또는 향상될 수 있는지를 평가하는 일이다. 때로는 문제가 체계적이어서 단순히 처리과정을 자동화한다고 해서 근저에 있는 문제들이 풀리지는 않을 것이다. 전산화하기 전에 그 어려운 과정들이 분석되어야 하고 어쩌면 (아래에서 논의되듯이) 재설계되어야 한다. 그러나 자동화는 기록관리문제에서 공통적인 다음과 같은 문제들에 대해서 성공적으로 이용되어 왔다.

- 기록물 분류 기능이 느리고, 일관성이 없으며 구식이다.
- 키워드 목록이 구식이 되어 버렸고 최신의 것을 따라가기 어렵다.
- 새로운 파일들을 민드는데 너무 오래 걸린다.
- 파일색인, 카드색인, 목록의 작성 및 검색 등을 수동으로 관리하는 일이 시간을 낭비한다.
- 수동시스템은 파일색인 정보의 첨가와 제거가 용이하지 않다.
- 부처나 부서가 기록물을 정기적으로 추적하지 않아서 기록물이 분실되어 왔다.
- 기록물 처리일정이 지켜지기가 어렵고, 폐기일자는 기록물 담당자가 그 사실을 종종 인식하지 못해 지나간다.
- 분류지침과 사용자 매뉴얼은 빠르게 구식이 되어 버리고, 사람들은 각자 서로 다른 버전을 가지고 작업하게 될지도 모른다.
- 개인 파일링 시스템은 중앙 등록시스템에서 신뢰성 부족을 보상받도록 유지된다.
- 파일 감시(모니터링)와 통제가 정기적으로 수행되지 않는다.
- 보존 평가가 정기적으로 갱신되지 않는다.
- 파일자켓 라벨, 색인기입 또는 파일 분류 매뉴얼 등의 일이 중복된다.
- 이용 가능한 정보가 대규모여서 수동시스템을 사용하여 문서를 수집하고 조직화하고 링크시키는 일을 어렵게 만든다.
- 관리보고서가 일상적인 기준에서 갖추어져있지 않고, 이 보고에 대한 통계를 편집하는 일이 어렵다.
- 기록 및 영구기록 관리기관에 있는 자원들이 사용자의 요구를 만족시키기에 충분하지 않다.
- 시스템을 지원하기 위해 점차 초과근무 비용이 증가하고 하다.
- 업무가 반복적이고 단조로워서 사기문제를 야기한다.

자동화 이전에 시스템적인 문제의 분석과 확인 그리고 확실한 업무처리의 재설계가 이행되지 않는다면, 새로운 기술들을 구현하고 관리하는데 있어 커다란 문제를 야기할 수 있다. 자동화의 문제라고 인식되는 것들은 종종 컴퓨터 기술을 이행하는데서 야기되는 것이 아니라, 기술을 구현하기 전에 반드시 해야 하는 업무에 대한 불충분한 분석과 계획으로

인하여 발생된다. 또 문제는 자동화된 처리과정이 처음부터 불완전하게 설계되었을 때 일어난다. 기록 및 영구기록의 기능을 자동화하는데 있어서 주요 문제들은 다음과 같다.

- 사람들이 자동화 시스템에 너무 많은 기대를 하며, 만일 시스템이 완벽하지 않으면 실망하게 된다.
- 시스템을 사용하는 사람들에 대한 불충분한 교육 훈련이 사기문제를 야기할 수 있고 결과적으로 데이터도 믿을 수 없게 된다.
- 사람들이 전문용어의 표준화(자동화된 시스템을 사용하는데 요구되는)와 같은 방법적인 것에 적응할 의지가 없어 따라가기가 어렵다.
- 불완전하게 계획된 시스템은 기관이 필요로 하는 요구조건들을 적절하게 제공하지 않을 수 있고, 그래서 기존의 수동시스템의 서투른 대체시스템 정도로 생각할 수 있다.
- 모호하거나 부정확한 시스템은 소정의 의무를 제대로 수행하지도 못하고 순식간에 구식으로 전락할지도 모른다.
- 특이한 과정들은 컴퓨터가 높은 수준의 정확성과 일관성을 요구하는 대로 만일 그것들이 바뀌지 않으면 실패에 이를 것이다.
- 만일 무계획적으로 진행된다면, 기관의 요구와 요구조건의 지속적인 변화로 자동화 시스템은 구식이 될 것이다.

# 4. 업무시스템 분석(BUSINESS SYSTEM ANALYSIS)

업무시스템 분석은 전 세계적으로 모든 기관에서 점차 일반적인 일이 되었고 많은 공공부문의 개혁을 위한 노력의 초석이 되고 있다.

> **업무시스템 분석**(*Business systems analysis ; BSA*): 기관을 하나의 시스템으로 보고 분석하거나, 체계적이고 객관적으로 업무시스템에 대한 정보를 수집하고, 정확하게 분석하는 처리절차를 포함하는 분석 체계. 여기에는 기관의 광범위한 목표를 확인하고 업무영역과 처리과정을 지원하며 업무처리 과정에 대한 정의와 업무처리 과정의 분해 등이 포함된다.

공공 부문이건 민간 부문이건 기록관리기관(records and archives institution)은 이러한 유형의 작업과정 분석을 통하여 이익을 얻을 수 있다. 사실, 기록관리기관의 업무처리 과정에 대한 분석 및 연속적인 재설계 등과 같은 일은 기관과 그들의 상위기관이 보다 밀접하게 제휴할 수 있도록 해주고, 나아가 문서과 및 상위기관의 사명과 목적을 촉진시켜준다.

자동화를 처음으로 시작할 때는 기존에 있던 수동의 기록물관리 과정이 잘 설계되어 있다는 것을 검증하는 것이 중요하다. 조잡한 관리체계를 자동화하는 것이 그것들(관리체계)을 보다 효율적으로 만들지는 않는다. 기록물관리의 기본적인 기능들에 대해 철저히 이해를 하는 것이 자동화 과정에서 필수적인 단계이다. BSA는 사람, 업무, 기관의 구조, 정보흐름, 그리고 또 다른 요소들간의 상호관계에 대한 확인을 담고있다. 효율적인 과정에서는 모든 요소들이 상호 협력적으로 작업한다. 컴퓨터와 같은 새로운 요소들이 도입되었을 때, 이 요소들간의 균형이 혼란스러워질 수 있다. 그러므로, 새로운 시스템 구축에 앞서 새로운 기술 도입이 작업 현장에서 야기할지도 모르는 잠재적인 문제들을 예측하는 것은 매우 중요하다.

어떤 업무시스템 분석이나 그에 따른 재설계의 경우에서나 마찬가지로, 기록관리기관에 변화를 관리하는 처리과정도 체계적인 사고를 요구한다. 이를 달성하기 위하여, 처리과정의 부분 및 전체뿐만 아니라 처리과정에 포함된 기관, 업무활동, 사람들간의 상호관계와 의존성을 이해하여야 한다.

> 업무시스템 분석 프로젝트의 단계들은 『업무시스템분석
> (Analysing Business System)』을 보라.

---

조잡한 관리체계(시스템)를 자동화한다고 해서 그것들을 보다
효율적으로 만들어주지는 않는다.

---

다음에는 전형적인 기록물 관리 문제에 대하여 생각해보자.

자동화를 효율적으로 활용할 수 있도록 하기 위하여 모든 기록물 관련 과정들이 기관의 목표와 목적을 용이하게 해준다는 것을 증명할 수 있도록 분석되어야 한다. 발견된 문제들은 자동화에 의해서 해결되지 않을 수도 있다. 예를 들면, 정치적인 문제는 처리과정을 자동화한다고 해결하는 것이 불가능하거나 어렵다.

자동화의 이점은 주의 깊은 계획을 할 때만 얻을 수 있다. 계획을 세움으로써 기록관리기관 직원들은 자신들의 필요와 요구를 결정하고 또 그 우선순위를 정할 수 있다. 평가와 기획을 하면, 비록 그것들이 자동화에 적용될 수 없다고 할지라도 핵심적인 필요조건이 충족될 수 있고 또 다른 필요와 요구들이 다루어질 가능성이 매우 높다. 계획단계에서는 목표와 방향이 서로 상충되지 않고 목적이 중복되지 않도록 하기 위하여 기관 내에 자동화의 필요성을 고려해야 할 뿐 아니라 다른 정보관리도 할 수 있는지 검토하여야 한다.

# 5. 평가와 계획

> *계획은 어떤 자동화 프로그램에서도 중요하다.*

　계획은 이 학습 프로그램의 모든 모듈에서 논의하고 있듯이 모든 기록관리기관의 활동에서 중요한 부분이다. 계획은 조직적인 맥락에서 이루어져야 하는 중요한 관리기능이다. 즉, 어떤 계획이든 수행하는 동안 기관의 다른 구성요소들이 고려되어야 한다. 다시 말하면, 자동화 프로젝트는 기관의 명령·사명·기능·자원 그리고 다른 시스템 등으로부터 고립되어 계획될 수가 없다.

　작업 과정의 전산화 또한 한 분야 이상의 지식, 기술 그리고 지혜를 요구한다. 어느 자동화 프로젝트이건, 만일 그것이 기록물에 의존하고 있는 다른 정부 공무원 뿐 아니라 사용자, 기술협회, 프로그램 관리자, 기록물 관리자, 아키비스트와 시스템 전문가들이 함께 좋은 계획과 조언을 가지고 시작한다면 커다란 성공의 기회를 가질 것이다. 사용자들의 요구를 충족하지 못하는 시스템은 역효과를 가져오고 자원의 오용을 불러온다. 자동화 프로젝트는 만일 모든 지지층들이 참여하고, 특히 상위 관리자가 주도권을 가지고 이끌고 지원한다면 성공할 수 있다.

　기록물 관리시스템을 자동화하는 목표와 목적은 상위 관리자에 의해 명확하게 설명되어야 하고 직원들과도 의견교환이 이루어져야 한다. 경험과 아이디어를 구하고, 새로운 도구에 대한 수용을 진작시키기 위해 미래의 사용자들과도 상담해야 한다. 새로운 도구를 훈련하고 소개하는 것 또한 자동화의 성공에 매우 중요하다.

　계획은 프로젝트가 예산 내에서 제때에 완성되는 것을 보장하고 최종 결과물이 확인된 기관의 필요에 부합하는 것이 되도록 해준다. 계획은 매우 복잡할 수 있지만 그것은 자동화 프로젝트에서 필수적인 부분이다. 계획이 없다면, 개발된 시스템은 부적절할 수 있고, 사람들은 충분하게 훈련받지 못할 수 있으며, 프로젝트가 최종적으로 성공하지 못할 수도 있다. 계획에는 다음과 같은 것들이 포함된다.

- 초기 평가 수행하기
- 목표, 목적 그리고 우선순위 개발하기
- 필요한 자원 결정하기
- 프로젝트를 위한 지원 얻기

- 타당성 연구 수행하기
- 세분화된 프로젝트 계획 개발하기
- 프로젝트팀과 프로젝트구조 구성하기

## 초기 평가 수행

수동시스템이건 자동화 시스템이건 시스템은 조직적인 틀 안에 존재하고, 따라서 기관의 요구를 충족시킬 수 있도록 구성되어야 한다. 자동화 프로젝트를 완전히 개발하기 이전에 자동화 프로젝트가 실제로 실행 가능한지 결정하기 위한 초기 평가를 수행하는 것이 현명하다. 다음 사항을 포함하는 많은 기술적인 세부요인들이 초기 평가 단계에서 확인되고 검토되어야 한다.

- 새로이 자동화된 시스템 개발에 의하여 해결되어야 하는 문제(들)
- 기술독창성을 전반적인 임무와 업무 목적에 어떻게 맞출 것인가
- 기술(technology)을 선택하고 사용하는데 영향을 미칠 수 있는 현행 혹은 계류중인 법률
- 기관 내 기존 시스템의 상태와 그 시스템이 새로운 시스템에 어떻게 연관되어야 하는가
- 기관의 문서과 뿐 아니라 자료관에서 기록물 자료를 관리하는 시스템
- 기관 내에 존재하거나 계획된 기록물 관리 주도의 특성과 그것들이 새로운 시스템에 어떻게 영향을 미치며 어떻게 공존할 것인가.
- 자동화 시스템 구축 결과로부터 기대되는 이득
- 비용이 어떻게 측정될 것이며 어느 지점에서 비용이 수익을 초과할 것인가
- 정책, 재정적인 요구, 기술적인 숙련을 포함한 자동화 프로젝트의 제한점 및 한계
- 타당성 조사를 수행하기 위하여 요구되는 시간과 자원들
- 상위관리의 지원 수준(상위수준에서 지원을 제공할 수 있는 기록물 시스템 자동화 프로젝트 후원자를 구하는 것이 가장 좋다. )
- 프로젝트 팀 구성원, 그들의 역할 및 책임

일단 이 초기 평가가 완성되면, 프로젝트를 위한 목표와 목적 그리고 우선순위를 결정하고 타당성 연구를 위한 관련용어를 개발하는 것이 가능하다.

프로젝트관리에 대해 더 상세한 것은『기록관리의 전략계획 (Strategic Planning for Records and Archives Services)』을 보라.

다른 비기술적인 요소들도 자동화 프로젝트의 실행 가능성에 영향을 미칠 수 있다. 이러한 요소들에는 기관의 문화, 사무실내에 물리적인 배치, 환경적인 조건 등이 포함될 수 있다. 작업에 대한 숙련도와 사무실 문화도 컴퓨터 하드웨어나 소프트웨어의 설계와 구축에 영향을 미칠 것이다. 기관의 문화를 이해하는데 실패하는 경우 자동화 프로젝트를 추진하고 구축하는 동안에 장벽이 될 지도 모른다. 예를 들어, 처리과정을 재설계하는 일은 임무의 재조직화, 의무의 추가, 어떤 단계의 제거 등을 수반한다. 이러한 처리과정은 수년동안 해오던 행동이나 사무실의 일상적인 일에 영향을 미칠 수 있다. 만일 새롭게 자동화된 과정이 잘 행해지지 않는다면, 그것들은 거의 가치가 없게 될 것이다. 왜냐하면 기존에 오래된 일상적인 일들이 지속될 것이기 때문이다. 이런 경우에, 상위관리자들은 재설계가 자동화를 함으로써 얻어지는 이익을 위해서만 행해지는 것이 아니라는 것을 강조해야 한다. 오히려 변화가 기관의 목표와 목적을 더욱 공고하게 만들 것이다.

실제 물리적인 사무실 배치, 환경적인 문제, 하부구조를 포함하는 몇몇 물리적인 요인들은 자동화 과정을 돕거나 혹은 방해할 수 있다. 컴퓨터와 주변장치들은 효율적인 작업환경을 만들기 위해 넓은 작업 공간을 필요로 한다. 또한, 컴퓨터 사용자들은 만일 사무실의 가구들이 이를테면 등이나 팔 같은 신체의 부분들을 지지해주지 않으면 근육통을 경험할 수도 있다. 컴퓨터 모니터와 시야의 선 사이에 적절한 조정이 이루어지지 않으면 목에 문제를 일으킬 수 있다. 이러한 잠재적인 걱정들은 평가수행 단계에서 확인되어야 한다.

또한 물리적 환경도 하나의 요인이다. 온도를 일정하게 유지하고 습도를 적절하게 유지하여 컴퓨터가 적절하게 기능을 하도록 하여야 한다. 게다가 컴퓨터들은 한도 이상의 먼지나 오물에 민감하고 에어컨은 공기를 정화하는데 도움을 줄 것이다. 컴퓨터 기술은 또한 급격한 전류의 급증 혹은 장기간 전력이 차단되는 일이 없는 믿을만한 전력공급에 의존한다. 초기 평가는 이러한 문제들을 잘 설명해야만 한다. 보존 문제는 아래에서 보다 상세하게 논의된다.

## 목적, 목표, 우선순위 개발하기

만일 초기 평가에서 자동화의 선택사항에 대해 한 걸음 더 나아가 연구해도 좋다는 평가가 나왔다면 프로젝트의 범위가 정해질 필요가 있다. 어떤 자동화 프로젝트(실제로 조직에서 어떠한 프로젝트든)라도 명확하고 달성가능한 목적과 목표 그리고 잘 정해진 우선순위를 기반으로 하여 잘 계획되어야 한다.

만일 기록물 관리 자동화 프로젝트가 상위 기관의 전반적인 업무목적, 목표, 우선순위와 잘 조화를 이루지 못한다면, 그 프로젝트의 개발을 위한 지원은 거의 없을 것이다. 예를 들어, 만일 문서과에 있는 누군가가 모든 분류 시스템이 개선됨과 동시에 보존 및 처리일정을 자동화하기를 원한다면 관리자측은 자동화 프로젝트가 시기상조라고 느낄지도 모른다.

기록물관리기관에서 자동화가 기관의 업무목적, 목표, 우선적인 것들을 어떻게 지원할 것인가를 고려할 때는 다음의 다섯 가지 문제들을 고려하라.

### 시스템의 목적

기록물관리시스템의 목적은 보다 대규모 조직의 관점에서 진술되어야 한다. 기록관리전문가들은 자동화 시스템의 목적, 어떤 다른 기능들을 수행할 수 있고 또 수행해야 하는가 그리고 어떤 정보가 시스템 내에서 필요한가 등을 확실하게 하고 싶어할 것이다. 그러나 상위관리자들은 자동화된 시스템에 의해 지원되는 업무의 목적을 알고 싶어 할 것이다.

> *자동화된 시스템은 보다 대규모 조직의 목적들을 지원해야 한다.*

### 기술적인 고려사항

평가 및 계획 과정에서 그 기관의 시스템 유지능력과 자동화된 도구를 사용하고 응용하는 데 필요한 훈련의 제공능력에 대해 고려하는 것이 중요하다. 이러한 과정에서 기관 내에서 정보 기술에 대한 책임이 있는 사람과 함께 일을 하고 또 절차, 정책, 전문기술의 영역을 이해하는 일이 요구된다. 이 영역에서는 다음과 같은 질문들을 고려해야 한다.

- 적절한 방법으로 하드웨어나 소프트웨어 문제를 풀 수 있는 충분한 기술지원이 있는가?
- 기관이 어떤 유형의 소프트웨어를 지원하여야 하는가?
- 기존에 어떤 시스템이 운용되고 있었는가?
- 새로운 시스템이 어떻게 기존 시스템과 함께 작동할 수 있는가?
- 데이터를 백업하는 정책과 절차가 규정되어 운용되고 있는가?
- 바이러스를 없애기 위해 어떤 예방책이 적절한가?
- 직원들이 자신의 컴퓨터 기술을 습득하고 개발할 수 있도록 어떤 유형의 훈련이 제공되었는가?
- 기관이 사용하는 소프트웨어 패키지에 대해 질문 시 답할 수 있는 사람이 있는가?

### 조직적 요소

자동화 프로젝트를 위한 목적, 목표, 우선 순위는 기관 내 누가 관여되어 있느냐에 따라 달라질 것이다. 중요한 것은 누가 자동화 의사결정 과정에 포함되어야만 하는지를 결정하는 것이다. 조직의 다른 주요한 결정사항은 다음과 같다.

- 데이터를 입력, 변경, 삭제하도록 하는 권한을 누구에게 부여할 것인가?
- 새로운 시스템에 있는 데이터를 볼 수 있도록 누구에게 접근권한을 부여할 것인가?
- 서로 다른 수준의 접근권한이 시스템에 필요한가?
- 새로운 시스템이 어떻게 구축될 것인가?(예를 들면, 문서과 하나를 완전히 자동화할 것인가 아니면 여러 문서과에 컴퓨터를 하나씩 넣어 점차적으로 할 것인가)
- 한번에 구축할 것인가 아니면 단계적으로 구축할 것인가?
- 시스템을 이해하고 사용해야 하는 다른 업무의 직원들과 사용자들을 위해 어떤 수준, 어떤 유형의 교육 훈련이 요구되는가?

### 자원 필요조건

자원은 돈, 시간, 사람에 의해 측정된다. 중요한 문제는 시스템 비용이 얼마나 들것인가이다. 비싼 시스템은 설치와 실행에 있어서 문제가 거의 없고 따라서 결국에는 덜 비싸지만 설치가 어렵고, 자료관 직원들이 사용하기가 어려우며 주기적으로 다운되는 시스템보다 비용이 적게 든다.

마찬가지로 중요한 문제는 그 이득은 얼마나 될 것인가 이다. 이것은 광범위한 조직의 업무목표의 관점에서 뿐 아니라 직접 관련된 부서의 관점에서 답이 나와야 한다. 자원과 관련하여 또 다른 질문들은 다음과 같다.

- 필요한 기금들은 어디에서 오는가?
- 시스템은 언제 설치되어야 하는가?
- 현 사업기간 내에 작업할 수 있는 충분한 기금이 있는가?
- 시스템에 있는 데이터 보존과 하드웨어의 장기유지를 위한 충분한 기금이 있는가?
- 그러한 시스템을 설치하기에 충분한 공간이 있는가?
- 인적자원을 위한 필요조건은 무엇인가?

### 정치적인 문제

자동화된 기록관리시스템을 위해 설계된 소프트웨어는 기록물의 가치, 기록물에 대한 접근을 허락하는 한도, 기록에 접근하는 사용자의 관심, 기술을 제공할 수 있는 경제적 수용능력 등에 대한 가정들을 포함하고 있다. 기록물 시스템을 자동화하는 것은 만일 정부 혹은 기관이 책임성, 효율성, 효과성, 경제성 등에 가치를 둔다면 잘 받아들여 질 것이다. 반면, 만일 정부나 기관이 기록물관리의 중요성을 인식하지 않는다면 잘 받아들여지지 않을 것이다. 관련질문은 다음과 같다.

- 상위 관리자는 법적증거로서 기록물의 가치를 인정하는가?
- 상위 관리자는 자동화된 시스템에 대한 필요성을 알고 있는가?
- 관리자는 오랜 기간동안 프로그램을 위한 재정적, 조직적인 지원을 제공할 것인가?
- 상위 공무원들 중에서 프로젝트의 잠재적인 후원자들이 있는가?
- 누가 관련되어야 하는가?
- 제안에 대한 허락이나 거절은 기관이나 그 부서에 어떤 결과를 가져오게 되는가?

이러한 질문들에 대한 대답은 프로젝트를 조직하는 사람들이 목표, 목적, 우선순위를 문서화하는 데 도움을 줄 것이다. 이 진술서는 조직과 자동화 프로젝트의 실행을 위한 기본을 형성할 것이다. 아래의 표는 목표, 목적, 우선순위의 진술 사례를 제시한 것이다.

이 사례에서, 목표가 두 가지 측면을 가지고 있음을 관찰하라. 문서과는 그들 자체의 기록물 관리를 향상시키기 위해서 기술데이터를 표준화하기를 원하고 있고 또 이 정보 중 몇몇 정보는 사용자들이 접근 가능하도록 만들기를 원한다. 목표의 두 측면은 목적에서 보다 상세하게 제시된다. 그러나 제일 우선적인 것은 표준화와 쉽게 업데이트할 수 있는 데이터베이스 생성을 통해 기록물에 대한 관리 통제를 증가시키는 것이다. 사용자 접근은 이차적이고 자동화 프로젝트의 과정에 걸쳐서 단계적으로 진행될 것이다. 이것은 사용자 접근이 중요하지 않다는 것이 아니다. 그러나 목표는 위에 논의된 다섯 영역 즉 시스템의 목적, 기술적인 고려사항, 조직적 요인, 자원 필요조건, 정치적인 문제 등을 고려하면서 실질적인 방법으로 조화를 이루도록 해야 한다.

*계획 기술에 대한 보다 많은 정보를 원하면『기록관리의 전략계획(Strategic Planning for Record and Archives Services)』을 보라.*

> *목적, 목표 우선순위에 대한 진술은 자동화 프로젝트의 구성과 구축을 위한 기반을 형성할 것이다.*

# Erewhon National Archives
## 검색도구 자동화
*목표, 목적 그리고 우선 순위, 1998-2003*

## 목표

Erewhon National Archives의 기록물 목록과 검색도구와 같은 기록물에 대한 정보를 표준화하는 것, 그래서 문서과 직원이 보다 쉽게 분석하고 사용자들이 폭넓게 접근할 수 있도록 하는 것

## 목적

- 보다 효율적으로 영구기록의 기술사항을 관리하는 것
- 검색이 용이하도록 기술 데이터를 표준화하는 것
- 적절한 시기에 정보를 보여주도록 소장기록물의 기술사항을 손쉽게 업데이트 할 수 있는 데이터 베이스를 만드는 것
- 데이터 베이스를 네트워킹하여 사용자들이 소장기록물에 대한 기술 항목에 접근을 증가시키는 것

## 우선순위

1.  기술의 표준화.(1998년 12월)
2.  25개의 검색도구를 자동화하고 다양한 시스템을 테스트하기 위한 파일럿 프로젝트.(1999년 6월까지 완성)
3.  시스템 시험 데모의 평가 및 전체적인 프로젝트를 위한 소프트웨어와 하드웨어 구매에 있어서의 기술적인 필요조건을 최종결정.(1999년 12월까지 완성)
4.  데이터 입력과 정보 검색 그리고 사용자들에게 시스템에 대해 설명할 수 있는 직원 훈련.(2000년 6월까지 완성)
5.  모든 수동시스템의 데이터를 공공의 열람 빈도에 따라 우선순위 별로 입력.(2000년 12월까지 완성)
6.  기록물을 처리하고 기술하는 과정에서 새로 수집된 자료들의 데이터 입력.(진행 중)
7.  공공 열람을 위한 시스템 네트워킹.(2001년 6월)

**표 1 : 목적, 목표, 우선순위의 사례**

제1과 자동화 프로그램의 계획

# 자원 필요성의 결정

> 자동화를 성공적으로 이루기 위해서는 적절한 자원이 중요하다.

자동화 프로젝트의 계획, 구축, 운용단계에 필요한 자원을 결정하는 것은 중요하다. 초기 계획 단계에서는 초기 분석을 수행하고 가능한 컴퓨터 시스템에 관해 필요한 연구를 완성하기 위해서 재정자원이 요구된다. 그러나 이 단계에서 보다 중요한 자원은 기관 내 상위관리자나 기관 내 다른 중요한 개인들로부터 받는 내부적인 지원일지도 모른다. 이러한 요소는 다음절에서 논의된다.

구축단계에서는 재정자원이 장비구매를 위하여 필요하게 될 것이다. 그러나 또한 특별히 시스템뿐만 아니라 컴퓨터 사용에 대해 직원을 훈련시킬 강사들과 적절한 교육시설에 접근하기 위하여도 재정자원이 필요하게 될 것이다. 마지막으로 운용단계에서는 시스템의 부분들을 지속적으로 업그레이드하기 위하여 자원이 필요할 것이고 시스템으로부터 산출을 유지하기 위하여 사무비품도 필요하게 된다.

이들 각 단계에 걸쳐서 기술적인 지원에 접근하는 것이 필요하다. 첫째, 기술적인 지원은 컴퓨터 시스템을 평가하고 기관의 기술적 환경에서 실행 가능성이 있는 솔루션을 확인하는 데 도움을 주기 위하여 요구된다. 구축단계에서의 기술지원은 이 단계에서 의심할 여지없이 발생할 문제들을 해결하는데 중요하다. 시스템이 완전히 운용될 때는 시스템 백업 및 점검을 하고 또 시스템을 기능적으로 완벽하게 유지되도록 정기적인 유지보수를 하기 위해 기술지원이 필요하다.

컴퓨터 장비를 평가하고, 구축하고 구매하는데 필요한 재정 자원은 장비 그 자체의 비용 이상으로 든다. 사실, 실제 장비비용은 문서과와 자료관에 직원과 기관의 기술직원들이 처리과정의 평가와 실행 그리고 직원 훈련 같은 활동들을 수행하는데 드는 수많은 시간에 비하면 작을 수도 있다. 게다가, 컴퓨터 보급과 소프트웨어 및 하드웨어에 필요한 업그레이드는 자동화와 관련된 중요한 진행 비용이다.

## 프로젝트를 위한 지원 얻기

어떤 프로젝트의 성공여부는 조직의 모든 부분, 특히 상위관리부서로부터 얻는 지원에 달려있다. 이러한 이유로 가능하다면 상위관리부서 직원이 계획 팀에 포함되어야 한다. 관리층의 지원을 받아야 직원이 그들의 일상 업무의 일부로서 그 일을 수행할 시간을 부여받을 수 있다. 만일 직원이 이 일을 하도록 요구받았으나 그 일에 충분한 시간이 주어지지 않거나, 상위관리자가 이 일이 그들의 임무에 적절한 부분이 아니라고 한다면, 프로젝트는 성공에 심각한 위협을 받을 것이다. 관리층의 지원은 다음과 같다.

- 자동화 프로젝트의 계획, 구축, 훈련 단계에 참여할 수 있는 시간을 허락하는 것
- 프로젝트를 위해 적절한 재정을 보장하는 것
- 추가적인 지원을 보장하기 위해 필요할 때 기관내외에서 그 프로젝트를 홍보하는 것
- 프로젝트팀이 업무를 완성할 수 있도록 적절한 권한을 제공하는 것
- 관리층의 요구가 확실히 인지되도록 시간과 비용에 대한 계획을 지원하는 것

지원이 필요한 또 다른 영역은 시스템의 실질적인 혹은 잠재적인 사용자들의 지원이다. 사용자들로부터 적극적인 지원을 받는 것은 중요하지만 그들은 기존의 익숙한 시스템의 변화에 반발할 지도 모른다. 사람들은 때때로 어떤 일을 하는데 있어서 새로운 방식들을 좋아하지 않는다. 그러므로 사용자들이 프로젝트의 상황에 대해 알도록 하고, 그들의 요구사항에 대해 협의하고, 새로운 시스템의 이점을 이해할 수 있도록 도움을 주어야 한다. 만일 사용자들이 문제점을 지적하거나 혹은 향상에 대한 아이디어를 갖고 있다면, 이러한 제안들은 주의 깊게 들어야 한다. 결국, 사용자들은 시스템이 그들의 요구사항을 잘 지원하기 위해서는 어떻게 운영되어야 하는지 직원보다 훨씬 더 잘 알 수도 있다. 만일 그들이 새로운 시스템의 일차 고객이 된다면, 그들의 제안사항은 프로젝트 성공에 중요할 수 있다.

## 타당성 조사

타당성 조사는 자동화된 시스템에 대해 요구되는 기능과 기술적인 필요조건들을 확인하기 위한 선결 과정이다. 타당성 조사는 사이트 방문, 사내 면담, 질문이나 조사 또는 다른 유형의 연구나 평가 등과 같은 다양한 방식으로 수행될 수 있다. 다음은 연구를 위하여 선택된 방법론과 관계없이 따라야 할 몇몇 주요 원리이다.

타당성 조사에서는 다음과 같은 것들이 이루어져야 한다.

- 현재 상황의 특성들을 재고하고, 새로운 시스템이 다룰 문제에 대한 정의를 확정한다.
- 문제점들과 기대되는 이점을 분석하기 위해 추가적인 데이터를 수집한다.
- 복표와 목적의 실행가능성을 점검하기 위해 데이터를 수집한다.
- 비용 편익 분석과 영향력 분석을 실시한다.

- 대안 해결책들을 설정한다.
- 설치와 실행을 위한 사전 계획을 개발한다.
- 상위 관리자의 승인을 구한다.

타당성 조사 과정 동안, 시스템에 의해 영향을 받을 수 있는 사무실에 있는 모든 사람들은 입력사항과 논평을 위해 질문을 받아야 한다. 그들은 자신의 견해를 말하고 그들의 생각을 표현할 수 있는 기회를 가져야 한다. 다른 지원 부서에 있는 임원들과도 협의되어야 한다. 예를 들면, 기록관리업무의 어떤 변화에 대한 법적 정당성을 확보하기 위하여 정부법률고문들과 협의하여야 한다. 또 시스템을 전개하는 데 관련된 사람들과 -정보기술 부서에 있는 직원에서부터 정비 작업자까지- 새로운 시스템의 설치와 관련된 작업에 대해 협의하여야 한다. 일련의 사항들은 고려 중인 자동화 프로젝트의 유형에 따라 유용할 수 있다.

## 프로젝트팀과 프로젝트 구조 구성

모든 프로젝트처럼, 자동화 프로젝트는 성공하기 위하여 강력한 조직을 필요로 하고 가능하면 훌륭한 사람들을 포함시키는 것이 이로울 것이다. 프로젝트의 크기와 범위가 얼마나 많은 사람들이 프로젝트팀에 포함되어야 하고 그들의 특정 역할이 무엇인지를 결정할 것이다. 가장 작은 프로젝트라도 함께 작업할 수 있고 한 사람이 전적으로 그 프로젝트의 완성에 대한 책임을 지는 일이 없도록 적어도 두 명 정도로 구성되어야 한다. 8명 혹은 10명 이상이면 종종 너무 많아서 그 프로젝트팀을 효율적으로 관리할 수 없다. 한 사람이 책임을 맡아야 의사 결정 때 혼란이 생기지 않는다.

프로젝트팀 구성원에는 상위관리자 대표, 영향을 받는 몇 개 부처 또는 부서의 대표, 그리고 가능하다면 최종 시스템의 연구자들이나 사용자들이 포함될 수 있다. 특히, 최종 시스템에 의해 영향을 받는 기관의 부처나 부서는 팀에 참여한다든지 평가나 충고를 제공하는 형식으로 그 프로젝트에 투입되어야 한다. 가능하면, 내부 및 외부의 기술 조언자들도 포함되어야 한다. 비용을 확실히 관리하기 위해 필요하다면 컨설턴트들도 포함될 수 있다. 컨설팅 임무는 사전에 윤곽이 분명해야 하고, 계약은 컨설턴트의 역할을 분명히 하도록 준비되어야 한다.

프로젝트팀은 프로젝트 구조를 개발해야 한다. 즉, 프로젝트팀은 효율적인 운영과 명확한 의사소통 라인을 보장하도록 계획된 처리절차, 방법론, 보고관계를 갖추어야 한다. 특히, 다음과 같은 프로젝트 관리 문제들이 명확히 되어야 할 것이다.

- 구조 : 프로젝트의 목표는 무엇인가? 팀 구성원들의 역할과 책임은 무엇인가?

- 방법론 : 프로젝트 접근방법과 작업계획은 무엇인가? 그 프로젝트는 어떻게 감독되고 평가될 것인가?
- 보고와 의사소통 : 누가 누구에게 보고할 것인가? 무엇이 보고될 것이며 왜 보고되는가? 어떤 빈도로 보고서를 작성할 것인가? 누가 보고를 받을 것인가?
- 도큐멘테이션 : 프로젝트 관련 기록을 어떻게 집적해갈 것이며 누가 할 것인가?

팀의 구성원들은 다음과 같은 역할과 책임을 수행하게 될 것이다.
- 팀장은 연구그룹을 이끌 것이고, 자동화 프로젝트의 전체비용 분석에 대한 책임을 지게 될 것이다.
- 기술전문가는 소프트웨어 선택을 연구할 뿐만 아니라 히부구조, 네트워킹, 하드웨어의 선택에 관한 연구책임을 맡게 될 것이다.
- 기록물 전문가는 사용자들의 요구사항과 요구되는 기록물관리 표준이 일치하는지 알아보기 위해 소프트웨어를 평가할 것이다.
- 상위관리직은 프로젝트를 위한 후원자로 행동할 것이며, 상위 레벨의 동료들에게 그 프로젝트를 납득시킬 것이다.
- 시스템에 의해 영향을 받게 될 사무실의 다양한 구성원들이나 미래의 시스템 사용자들은 자신의 정보 요구사항을 분명하게 표명하기 위하여 참여하게 될 것이다.

프로젝트는 명확한 일정표와 실행가능성에 의해 관리되어야 한다. 프로젝트의 일정표를 정하게 되면 팀의 임무를 확인할 수 있고 그 임무들이 효율적으로 완성될 수 있도록 논리적인 순서에 따라 그것들을 정렬할 수 있다. 유용한 일정표가 되려면 흐름을 유지하여야 하고 현실적이어야 한다. 일정표는 분리된 구체적인 임무들을 확인해주고, 무슨 일을 수행할 책임이 누구에게 있는가를 설명하여야 한다. 현재의 작업상태에 대한 정보와 함께 최종 완료일이 포함되어야 한다.

또한 프로젝트는 잘 작성된 예산서에 따라 진행되어야 한다. 자동화 프로젝트에 요구되는 자원들은 통제되어야 하고 효율적으로 사용되어야 한다. 예산의 초과운용을 피하고 정해진 기간에 계획된 비용 내에서 업무가 진행되도록 보장하기 위해 지출에 대한 감독이 정확히 이루어져야 한다.

*팀 구성과 프로젝트 관리에 대한 보다 상세한 정보는 『기록관리의 전략계획(Strategic Planning for Records and Archives Services)』을 보라.*

1. 만일 정부를 통하여 사용자들에게 영향을 미치는 대규모 프로젝트를 수행한다면 여러분은 누구를 프로젝트팀에 넣을 것이며 이 사람들을 선택한 이유는 무엇인가?

2. 만일 순전히 내부용으로 사용하기 위한 자료관 정도에 소규모 프로젝트를 수행한다면, 여러분은 누구를 프로젝트팀에 넣을 것이며, 이 사람들을 선택한 이유는 무엇인가?

# 요약

이 과에서는 기록보존관리를 위한 자동화 프로젝트를 계획하는데 포함된 단계들에 대한 대략적인 개요를 설명하고, 정확성, 속도, 유연성, 대규모 정보저장 수용능력과 확장성을 포함한 전산화의 이점을 강조하면서, 자동화에 대한 이유를 논의하였다. 또 기술을 해결책으로 보는 견해에 대해 주의를 주었다. 기술은 도구이다. 도구가 현존하는 자료관내 처리과정에 대한 기본적인 시스템상의 문제를 해결해주지는 않는다.

이 과에서는 또한 행정적인 작업, 분류·일정·추적 등과 같은 기록관리 작업, 준현용 기록관리작업, 취득·수집·기술·보존·열람·등록 등과 같은 영구기록관리작업을 위한 자동화의 가능성에 대하여 논의했다. 그리고 나서 계획의 중요성과 자동화 프로그램을 계획할 때 생각해야 하는 몇 가지 환경적인 고려사항에 대해 논의했다.

이 과는 자동화 프로젝트를 계획하는데 포함된 다음의 단계들에 대해 개관하였다.

- 기록관리기관의 업무시스템 분석
- 평가와 계획의 중요성 인식
- 초기 평가 수행
- 목적, 목표, 우선순위 개발
- 자원 필요성 결정
- 프로젝트에 대한 지원 얻기
- 타당성 조사
- 프로젝트팀과 프로젝트 구조 구성

# 학습문제

1. 기록관리 환경에서 많은 자동화의 응용프로그램들이 제공되고 있다. 그밖에 또 다른 것에 대해 아는 것이 있는가?

2. 기록물관리기관이 기능을 자동화하기를 원할 수 있는 세 가지 이유를 설명하라.

3. 업무 시스템 분석을 정의하라.

4. 자동화를 위한 계획의 중요성을 논의하라.

5. 자동화를 위한 계획 수립 시 어떤 환경적인 요인이 고려되어야 하는가?

6. 사무실 작업을 위한 전산화의 이점들은 무엇인가?

7. 전산화의 단점은 무엇인가?

8. 어떤 기록 또는 영구기록 관련문제들이 자동화로 인하여 개선될 수 있는가?

9. 어떤 유형의 기록 또는 영구기록 기능들이 자동화로 관리될 수 있는가?

10. 왜 이러한 기능들이 자동화하기 이전에 수동시스템에서 완전하게 운영되어야 하는가?

11. 자동화 프로젝트의 계획단계들을 설명하라.

12. 계획의 목적은 무엇인가?

13. 초기 평가의 목적을 설명하고 그것이 왜 타당성 조사와 다른지 설명하라.

14. 왜 자동화 프로젝트를 위해 목적, 목표, 우선순위가 만들어져야 하는가?

15. 자동화를 위한 기관의 목표, 목적, 우선순위의 고려 시 어떤 주요 문제들이 발생하는가?

16. 프로젝트팀이 상위관리자의 지원을 어떻게 얻을 수 있는가? 왜 그런 지원이 유용한가?

17. 왜 사용자 지원이 가치가 있는가?

18. 타당성 조사를 하는 동안에 관리 우선순위가 어떻게 정해질 필요가 있는가?

19. 누가 프로젝트 관리팀원이 되어야 하는가?

20. 프로젝트 일정표의 목적은 무엇인가?

21. 자동화 프로젝트를 계획할 때 어떤 재정적인 사항들이 고려되어야 하는가?

# 연습: 조언

## 연습 1

자동화하기 위해 여러분이 선택하는 활동은 여러분이 비록 다른 것들을 생각할지라도 선행 목록에 있는 활동들을 반영할 것이다. 단순히 본문에 있는 목록을 반복하지 말고 여러분이 주요 우선순위라고 정한 것을 시도하고 생각하라. 예를 들면, 여러분의 주요 문제들이, 정확한 정보를 가지고 있는 하나의 문제와 짝지어, 같은 정보에 동시에 접근하려는 한 명 이상의 직원들을 위해 필요한 것일 수도 있다. 여러분의 정보검색과 공간 유용성은 그 순간에 적절한 것 이상일 수도 있다.

## 연습 2

연습1에 이어 기록물 관련 기능들의 자동화라는 면에서 여러분의 기관에 실제적으로 무엇이 적절한 것인지 생각해 보라. 여러분은 아마 여러분이 수행하는 모든 기능들을 자동화할 수 있을 것이다. 그러나 실제로 필요한 것이 무엇인가?

## 연습 3

기록관리기관은 처리과정의 일부로서 수집된 모든 정보들을 관리하기 위하여 일정처리과정을 자동화하고자 할 수 있다. 그러나 전체 처리과정을 반드시 자동화할 필요 없이 일정을 개발하기 위해 사용되는 데이터를 관리하는 보다 효율적인 수단을 만드는 것이 중요하다. 자동화는 해결책이 아니라 오히려 적절하게 사용되어야 하는 하나의 도구이다.

이 사례에서, 비록 적절한 정보가 일정을 준비할 수 있도록 수집되었다 해도 이들 각각의 데이터 분석은 어려울지 모른다. 컴퓨터는 이들 데이터들을 관리, 분류, 대조하는데 도움을 줄 수 있다.

그러나, 문제는 또 데이터 수집에 있을 수 있다. 사무기능과 기록물들에 관련된 데이터는 직원들에게 기록물들에 따라 다양할지도 모른다. 그래서 기준 및 완성된 정보를 모으는데 재확인이 필요하다. 이 경우에, 자동화는 문제를 해결하지 않을 것이다. 기록관리시스템을 분석하는 근저에 있는 과정은 변화될 필요가 있다. 이러한 유형의 문제는 구식 기록시스템을 보다 새로운 효율적인 과정들로 대체하고자 하는 나라에서 공통적으로 나타난다.

문제는 기록관리기관에게는 외부적인 것일 수 있다. 정부 공무원들은 그 기록물 일정에 서명하기를 원하지 않을 수 있다. 그럴 경우 그 기록물이 직원들에게 접근이 불가능할 것이라고 생각하기 때문이다. 이것은 정보 유통의 문제이다. 자동화는 기록관리기관에서 소장하고 있는 모든 자료를 신속히 업데이트하고 현행 목록들을 만들어 냄으로써 이 문제를 해결할 수 있다.

정부 공무원은 기록물과 떨어지지 않기 위해서 일정에 서명하기를 거절할 수도 있다. 이것은 정치적인 문제이다. 이러한 경우에는 자동화라는 것이 그들의 작업을 촉진시키기 위한 설득에 아무런 도움이 되지 않는다.

## 연습 4

만일 여러분이 정부를 통하여 대규모의 프로젝트를 수행한다면, 여러분은 프로젝트 후원자로서 민원처리실의 상위관리(또는 조직 내에서 이에 상응하는 자)를 원할 수도 있다. 포함된 모든 부처와 부서의 대표자들은 기록관리기관의 상위직원과 함께 프로젝트팀의 일원이 되어야 한다. 부처의 직원을 포함하는 이유는 그들이 그 프로젝트를 소유하게 될 것이고 어떠한 시스템이 설치되건 최종적으로 사용할 것이기 때문이다. 사용자들을 포함하는 것도 중요하다. 정부 정보기술 전문가들도 포함되어야 한다.

만일 여러분이 기록관리기관 내에 소규모 프로젝트를 수행하고 있다면, 여러분은 아마 프로젝트후원자로서 감독이나 부감독을 원할 수 있다. 프로젝트팀은 특히 만일 정부가 표준 시스템을 사용하고 있다면, 비록 그것이 정부 정보기술 전문가를 포함하는 것이 유용할지라도 어떤 큰 프로젝트를 위한 팀보다는 훨씬 작을 것이다. 그 기관에서 적절한 부서의 직원들이 포함되어야 할 것이다.

# 기술적인 필요조건 확인 및 컴퓨터 장비의 선택

　컴퓨터와 컴퓨터 관련 장비의 구매결정을 하기 위해서는 한 기관에서 어떤 장비를 선택하기 위하여 사용하는 것과 같은 종류의 요구분석과 필요조건을 확인하는 작업이 필요할 것이다. 장비의 목적과 효율성은 기관의 전반적인 업무 목적과 해결되어야 하는 특정한 문제의 관점에서 고려되어야 한다.

> 　　　　　장비의 선택과 취득에 대해서는 『기록관리의 물적·인적 자원 (Managing Resources for Records and Archives Services)』에서 보다 일반적으로 다루고 있다.

　비록 그것이 이로울지라도 기록물 관리자나 아키비스트가 기술적인 필요조건을 결정하고 장비를 선택하기 위하여 정보기술과 그것이 의미하는 모든 것에 대하여 상세하게 정통할 필요는 없다. 기록물 관리자나 아키비스트는 기술구매에 대한 결정에 협의할 수 있는 적어도 한 명의 기술전문가를 포함하는 프로젝트팀과 함께 작업하여야 할 것이다.

　이 과는 몇몇 기록물 운영과 관련한 기능적인 필요조건들에 대해 간단하게 검토하는 것으로 시작한다. 그리고 기술적인 필요조건, 즉, 자동화 시스템을 운영하기 위하여 요구되는 정밀한 컴퓨터의 필요성을 평가하고 하드웨어와 소프트웨어를 선택할 때 고려해야 할 문제들에 대해 개관할 것이다. 그리고 고려해야 할 몇몇 표준들에 대한 정보가 포함된다. 이 과에서는 사업자를 어떻게 선정할 것인가, 컴퓨터 시스템을 어떻게 구매할 것인가, 사업자들의 지속적인 시스템 유지보수를 위한 결정을 어떻게 할 것인가 등과 관련된 논의를 계속한다. 여기에는 몇 가지 리스트들이 들어있는데, 이것들은 소프트웨어와 하드웨어의 세부사항들에 대해 데이터를 원하는 기관이 사용할 수 있도록 부록에도 첨가하였다.

　이 과에서는 독자들이 관계형 데이터베이스, 웹기반시스템, 워드프로세스 소프트웨어 등과 같은 자동화된 시스템들에 익숙한 것으로 가정한다.

*이러한 자동화된 시스템의 작업 방법은『기록관리자를 위한 전산*
*시스템(Understanding Computers)』에서 보다 상세히 논의되고 있다.*

# I. 기능적인 필요조건 분석

기술적인 필요조건과 선택된 컴퓨터 장비는 자동화를 위하여 설계된 특정한 기록 또는 영구기록의 기능들뿐만 아니라 자동화의 의도적인 이용에 따라 매우 크게 다를 것이다. 문서과와 기록물관리 운영의 자동화는 선택범위가 광범위하다. 예를 들면,

- 워드프로세서를 사용하는 것은 편지작성, 목록생성 혹은 라벨인쇄 등을 보다 쉽고 효율적으로 할 수 있다.
- 스프레드시트는 만일 전문적인 회계 프로그램을 사용할 수 없다면 회계하는데 도움을 줄 것이다. 그것은 관리결정에 유용할 수 있는 기록물업무에 관한 통계적인 보고서를 내는데 유용할 것이다. 심지어 스프레드시트는 간단한 데이터베이스로서 이용할 수 있다.
- 데이터 베이스는 기록물을 분류하고 목록화하고, 파일을 추적하고, 사용자를 등록하고, 다른 이용들 사이에 기록물 일정을 잡는데 사용될 수 있는 다양한 많은 유형의 정보를 저장하고 조작하는데 이용할 수 있다. 문서과 직원이 파일을 보다 빨리 검색하기 위해 작은 데이터 베이스를 설정하는 것은 사무실 작업 방법에 커다란 영향을 미칠 것이다.
- 통신 소프트웨어는 문서과나 국립기록보존소가 컴퓨터에서 팩스나 전자메일을 보낼 수 있게 해준다.
- 통합 기록물관리소프트웨어 패키지는 파일과 박스의 위치를 추적하고, 자료의 입출력력을 체크하고, 보존일정에 근거하여 폐기를 고려해야 할 기록물의 목록을 생산하며, 관리보고서를 작성할 수 있다.

무엇이 자동화되든 명심해야 할 두 가지의 필요조건이 있다. 첫째는, 임무나 처리과정의 기능적인 필요조건들이다. 기능적인 필요조건들은 정당한 방식으로 일을 완수하기 위해 컴퓨터에 의해 수행되어야 하는 활동이나 운영의 최소단위이다.

---

***기능적인 필요조건:*** 컴퓨터 응용프로그램이 처리과정을 만족스럽게 수행하기 위해 하여야 하는 임무

---

기능적인 필요조건은 자동화되어야 하는 일에 관련되어 있고 컴퓨터 응용 프로그램은 자동화된 환경에서 특정한 처리과정을 수행하기 위해 해야하는 운영을 개념화하는데 사용된다. 예를 들어, 기록물보관을 위한 기능적인 필요조건들은 컴퓨터가 기록물을 법적증거로서 또 영구기록으로서 기록물을 보호하는 어떤 명령을 실행하는 것을 보장해야만 한다. 기능적인 필요조건들은 문서과 혹은 기록물 관리기능 이를테면, 등록목록 유지, 기록물 분류시스템, 정보 색인화, 기록물 검색, 박스와 파일이동의 통제, 기록물(이를테면, 일정 만들기와 정리)의 전생애주기에 걸친 관리, 관리보고서의 작성 등을 관리하기 위한 컴퓨터 시스템으로 구축되어야 한다. 기능적인 필요조건들은 초기 계획단계와 타당성 조사과정에서 결정되어야 한다. 기술적인 필요조건에 관계되는 두 번째 필요조건은 기능적인 필요조건들을 완료하기 위하여 필요로 하는 기술적인 요구조건들과 관계가 있다. 컴퓨터 장비의 기술적인 세부사항과 기능적인 필요조건을 맞추는 것은 성공적인 자동화 과정을 위하여 중요하다. 기록관리시스템의 기능적인 필요조건들을 지원하기 위하여 필요한 기술적인 요구조건들은 사용자를 인증하고, 기록물에 변화를 추적하고, 감시할 수 있는 능력을 포함한다.

---

*기술적인 요구조건* : 컴퓨터가 기능적인 필요조건을 수행하기 위해 가져야 하는 세부사항

---

다음 부문은 기능적인 필요조건과 기술적인 요구조건들이 통합된 자동기록물관리시스템(ARMS)의 사례를 사용하는데 어떻게 연결되는지 보여준다. 이것은 기록물 자동화의 특수한 사례이지만 그 원리는 다른 자동화 프로젝트에서 보여지는 것과 유사하다.

> *무엇이 자동화되든 기능적인 필요조건과 기술적인 요구조건들이 고려되어야 한다.*

## 기록물 관리

기록물 분류시스템은 출처에 근거하고 있다. 이것은 통제의 일차적인 시스템이 국, 과, 혹은 특별임무팀과 같은 생산자나 생산주체에 근거한다는 것을 의미한다. ARMS를 위한 중요한 기능적인 필요조건은 생산주체를 확인하는 것, 시간에 따른 이름이나 기능과 같은 그

주체 내서의 변화를 추적하는 것이다. 이러한 기능이 없다면 ARMS는 정황(기록물의 이력)에 대한 법적증거를 제시할 수 없다.

ARMS는 기록물 기술내용에서 요소들간의 계층적인 구조를 유지할 수 있어야 한다. 예를 들어, 기록물은 그룹이나 선호단계, 시리즈, 파일 혹은 드문 경우에 항목 단계에서 기술될 수 있다. 통제의 주요 계층은 시리즈이다.

> *계층에 대한 보다 많은 정보는, 『공공부문의 기록관리: 원칙 과 체계(The Management of Public Sector Records: Principles and Context)』 를 보라.*

몇몇 자동화된 시스템이 아이템 계층에서 정보를 통제할 수 있지만, 기록관리기관이 그룹과 시리즈 계층에서 통제를 하기 전에 이것이 데이터입력을 위해서 우선되어서는 바람직하지 못하다. 만일 컴퓨터가 적절하게 프로그램 되었다면, 그 위계구조의 각 계층에서 분리된 입력과 변수의 검색을 허용할 것이다. 다양한 기술 변수들은 각 단계에서 활성적인 것이 될 것이다.

예를 들면, 그룹 계층에서 기술은 생산기관에 대해 초점을 맞출 수 있는 반면 시리즈 계층에서는 기록물의 제목, 날짜와 기록물의 기술이 강조될 것이다. 몇몇 시스템에서는 요소들이 상위 계층으로부터 계승된다. 이것은 데이터입력의 불필요한 중복을 막기 때문에 장점이 된다. 이 구조는 데이터 입력과 업데이트에 커다란 유연성을 허락할 것이다. 이를 수행하기 위해서 시스템은 낮은 단계에서 생산되는 기록물을 허용하기 전에 이전 단계가 존재한다는 것을 검증해야 한다. 기록물 분류 시스템은 또한 전거통제의 수단으로서 작용해야하고 또 생산기관과 주제와 같은 필드에서 입력변수를 제한해야 한다. 끝으로, 기록물 분류 시스템을 관리하기 위한 컴퓨터의 기능적인 필요조건들을 결정할 때 사용된 필드의 길이가 요구된 데이터를 유지하기에 충분한지 그리고 그 필드가 알파벳, 숫자, 문자와 숫자를 조합하여 만든 구조화된 데이터를 받아들일 수 있는지 체크하는 것이 중요하다.

자동화된 기록물 분류 시스템에서는 생산부서, 기능, 기록물의 개방과 폐쇄 날짜, 보안수준, 보존기간, 처리조치와 처리권한 등의 필드가 가능하다.

> *기록물 관리 데이터베이스에서 필드 구조는 4과에서 상세하 게 논의된다.*

## 생애주기(Life-cyde) 추적

 기록물의 생애에 걸친 감시는 기록물 관리에 대한 연속적인 접근의 주요한 업무 기능이다. 생애주기 추적 과정을 자동화하기 위해서는 데이터 요소들이 전 주기의 각 단계에서 수집되어야 한다. 몇몇 데이터는 정적으로 유지될 수 있고 전 생애주기를 통하여 관련될 수 있지만, 다른 데이터는 단계마다 변하거나 어떤 단계 내에서만 관련될 수도 있다. 이러한 기능들을 지원하기 위해 필요한 기술적인 필요조건들은 생애주기의 한 단계에서 다음 단계로 이동시키는 정보를 생성하는 능력을 포함한다.

## 정적인 요소들

 정적인 요소들은 특정한 단계에서 기록물 기능들을 관리하는데 필요로 하는 필수적인 세부사항들이다. 이것들은 부가적이다. 예를 들면, 현행 단계에서 시스템에 입력되는 정보는 준현용 및 영구보존 단계로 넘어가야 한다. 마찬가지로 준현용단계에서 추가된 정보는 영구보존 단계로 넘겨져야 한다. 기록물이 파괴된 경우라도 그 기록에 대한 정보는 유지되어야 하고 그 시스템은 항상 처리조치가 수행된 날짜와 형식을 표시해야 한다.

## 준-정적인 요소들(모든 단계)

 준-정적인 요소들은 기록물의 물리적인 위치와 기록물의 이용을 둘러싼 업무에서 변화를 나타낸다. 이러한 데이터는 다음과 같은 요소들을 포함한다.

- 저장 위치
- 접근권한을 부여받은 사용자
- 이용 가능한/이용 불가능한(책임 없는 데이터에서 자동적으로 생성된)

이러한 데이터는 그것들이 한 단계 내에서 변한다해도 단계에서 단계로 변할 것이다.

| 현용 단계에서 입력 | 준현용 단계에서 추가 | 영구보존 단계에서 추가 |
|---|---|---|
| 최초의 기관/사무실(출처) | 문서과로 이관한 날짜 | 기록보존소로 이관한 날짜 |
| 파일시리즈 | 행해진 처리조치 | 영구기록참조/할당된 코드 |
| 파일코드 | 처리 권한을 부여받은 직원 | 이용하도록 만들어진 날짜목록 |
| 파일제목 | 지정된 처리방법 | 보존상태 |
| 키워드 | 처리조치일 | 보존처리 |
| 파일의 첫 문서의 날짜 | | 법이나 규정에 의해 규정된 접근기간 |
| 파일의 최근/최종 문서의 날짜(파일이 종결될 때까지 활성) | | 접근날짜(자동적으로 생성될 수 있다) |
| 제안된 처리조치 | | 마이크로형태나 영상 이미지로서 이용가능성 |
| 제안된 보존기간 | | |
| 처리조치일(자동적으로 생성될 수 있다) | | |

**표 2 : 생애주기 추적 과정에서의 데이터 입력**

## 활동적인 요소들(모든 단계)

활동적인 요소들은 주로 기록물 또는 책임과 관계없는 데이터의 이용과 관련되어 있다. 이 데이터는 모든 단계에서 빈번하게 변할 것이고 다음과 같은 요소들을 포함한다.

- 파일을 요청한 날짜
- 요청한 이용자의 이름/ID/위치
- 발송/생산한 날짜
- 다른 이용자에게 옮겨간 날짜(현용 단계에서 만)
- 옮겨 받은 이용자의 이름/ID/위치(현용 단계에서 만)
- 반환기가이 경과했다면 최종 독촉일
- 보존을 위해 반환한 날짜
- 연간 대출 회수

## 일정과 정리

표와 목록에서 주목되듯이 자동화는 일정표 작성 및 처리 과정의 전산화를 통해 전 생애주기의 관리에 도움이 될 수 있다. 일정표작성 및 처리는 기록물의 추적과정을 자동화하고 담당자에게 처리에 대한 요구사항을 알려주는 일과 관련하여 많은 시간절약을 할 수 있기 때문에 자동화하기에 아주 좋은 기능이다. 그러나, 만일 어떤 응용프로그램이 기록물의 처리를 요구하면, 이 결정은 그러한 모든 의사결정을 책임지는 기록물 부서 직원에 의해 확인되어야 한다. 컴퓨터에 나타난 통지의 권한만 믿고 기록물을 폐기해서는 안 된다.

적절하게 작업하기 위한 일정작성 기능을 위하여 기록물관리 직원은 과정설계를 잘해야 한다. 시리즈, 박스, 파일은 보존기간을 나타내도록 확인되고 코드화되어야 한다. 코드에 대한 정보는 컴퓨터에 프로그램 되어야 한다. 어떤 응용프로그램에서는 보존 코드가 자동적으로 적용되도록 허용하면서 코드 체계가 상업적으로 이용 가능한 보존일정과 연결될 수도 있다.

일정작성과 처리기능을 자동화하기 위한 계획을 할 때는 적절한 안전장치를 갖추는 것이 중요하다. 예를 들어, 모든 처리 결정은 승인을 받아야 하고 그 업무의 수행은 기록되어야 한다. 많은 정부들은 파기된 모든 기록들의 요약뿐만 아니라 처리업무에 대한 기록이 영구히 보존되도록 요구하는 법을 갖고 있다. 응용 프로그램이 박스 목록, 파기된 파일의 목록, 기록보존소로 이관된 파일의 목록뿐만 아니라 적합한 이력, 목록, 그리고 보고서를 생산할 수 있음을 보장하는 것은 유용하다. 응용 프로그램은 처리 날짜가 일관적으로 다루어지도록 설정되어야 한다. 어떤 컴퓨터들은 숫자를 대략 달의 첫날 혹은 그 해의 마지막으로 숫자를 올리거나 내리도록 한다. 이렇게 대강 어림잡아 기록하는 일은 비효율성이나 문제를 야기할 수 있다.

## 색인과 검색 시스템

자동화된 기록물 관리시스템은 색인을 효율적이고 자동적으로 만들고 업데이트할 수 있어야 한다. 이러한 능력은 기록관리기관에 보다 나은 책임성을 제공하고, 기록물에 대한 보다 나은 이용자 접근을 제공한다. 많은 이용자들은 출처보다는 오히려 주제에 따라 기록물에 접근한다. 자동화된 색인 작업은 또한 노력의 중복을 줄여주고 색인작업 및 업데이트 작업에서 에러를 줄여준다. 좋은 색인 시스템을 가지고 있으면 문서과 직원은 예고 없이도 다른 주제목록을 검색하고 또 만들어 낼 수 있다.

기술적인 요구조건에 대해 생각할 때, 기록물 전문가들은 기록물 안의 데이터 요소가 색인될 필요가 있고 색인 변수를 어떻게 정해야 하는지 결정해야 한다. 예를 들어, 제목은 대개 제목에 포함된 관련 단어만으로 자동적으로 색인된다. 즉, 전치사나 정지단어들('a' 나 'the' 와 같은)은 포함되지 않는다. 게다가, 대개 통제된 어휘 목록이나 키워드가 색인작업에 사용된다. 직원들은 키워드 목록을 업데이트 할 책임이 있다. 키워드는 한 단어가 그 단어와 그것의 모든 유사단어를 의미할 수 있도록 전개될 수 있는 적절한 이름과 주제의 전거 파일로 연결될 수 있다.

*색인의 원리와 권한 파일 구조에 대한 보다 많은 정보를 원하면『기록보존소의 기록관리(Managing Archives)』를 보라.*

자동화된 색인을 검색하는데는 많은 다양한 방법들이 있다. 예를 들면, 사용자들은 키워드, 기관명, 날짜, 지리적인 명칭, 혹은 기록의 유형을 확인함으로써 정보를 검색할 수 있다. 컴퓨터 시스템을 선택할 때는 사용되는 검색엔진이나 검색 방법에 대하여 알아보는 것이 중요하다. 어떤 컴퓨터 시스템들은 그들의 검색 처리과정에서 '퍼지(fuzzy)'논리를 사용하는데, 이것은 비록 철자를 잘못 쓰거나 복수형 혹은 단수형으로 되어 있더라도 시스템이 원하는 키워드를 검색해내는 것을 의미한다. 또 어떤 컴퓨터는 한 단어의 모든 순열을 검색할 수 있다. 이러한 경우에, 사용자는 별표(*)와 같은 시스템에 의해 설계된 기호를 사용하여 이를테면 어근 뒷부분과 같은 어떤 지점에서 단어를 줄인다. 이러한 상징을 와일드카드(wildcard)라고 부른다. 컴퓨터가 와일드카드를 사용한 검색요청을 받으면, 검색엔진은 단어의 모든 가능한 순열을 검색할 것이다. 예를 들어, 'swim*'가 컴퓨터에 입력되면, 검색엔진은 'swimming' 과 'swimmers' 에 대한 정보를 나타낼 것이다. 혹은 'educ*'를 입력하면, 컴퓨터는

'education', 'educators', 'educate' 에 대한 정보를 찾아낼 것이다.

Boolean 논리(Boolean logic)는 또 다른 검색방법이다. 그것은 사용자들이 확장된 혹은 축소된 검색을 하는 것을 허용한다. 이 기능은 'and', 'or', 'not'과 같은 접속사의 사용을 함으로써 이루어진다. 예를 들어, 문서과 혹은 자료관은 운송부서나 재정부서로부터 온 오래된 기록을 보유하고 있을 수 있다. 어떤 상공부 차관은 정부에서 이용하는 항공비용을 조사하는데 흥미를 가진다. "항공 혹은 재정"에서와 같이 'or'를 사용하는 Boolean 검색에서는 검색자가 재정(예산, 지출 등등)관련 문서뿐만 아니라 항공(규제, 국내와 국외 항공 등을 포함한)관련 부서로부터 온 모든 것을 얻을 것이다. 만일 Boolean 검색방법에 'and'를 사용하여 위와 같이 검색한다면 항공과 재정을 동시에 다루고 있는 기록에 대한 기술만을 검색할 것이다.

검색 질문은 'hits(색출어)' 중에서 하나를 선택할 수 있게 되거나, 또는 사람들이 원하는 것을 뽑아 낼 수 있거나 가장 적절한 것을 찾아내기 위해 검색할 수 있는 성공적인 검색 아이템들을 내놓는 것이 되어야 한다. 어떤 시스템에서 이것들은 타당성 혹은 그 시스템이 질문에 맞는 결정을 얼마나 잘 했는가에 따라 등급화 된다.

그러한 시스템은 기록을 확인하고 색인하기 위해 기록관리 직원 측에서 확장 분석이 필요하다는 것에 주목해야 한다. 그렇게 함으로써 기록에 대한 정보가 컴퓨터가 추가될 수 있다. 그리고 위에 언급되었듯이, 표준화된 색인어가 중요하다. 만일 연구자가 'airlines'를 입력했는데 문서과는 'airplanes'이란 단어를 사용한다면, 비록 유용한 정보가 있다해도 그 검색은 아무 것도 찾아내지 못할 것이다. 자동화된 색인시스템을 시작하기 전에, 특히 세분화된 레벨에서, 그러한 일을 하는데 포함된 시간과 비용에 대해서 고려하는 것은 중요하다.

보다 복잡한 시스템에서는, 사용자들은 실제로 컴퓨터에 있는 문서 전체에 접근할 수 있을지도 모른다. 많은 워드프로세스 응용프로그램들이 문서기반으로 이러한 특징을 제공한다. 대규모의 문서세트에서 전문(全文) 검색은, 그 검색결과가 흥미로울 수는 있지만 종종 일반적인 질문에 대해 막대한 반응을 보여준다. 이것은 정보 과부하를 만들고 기록직원은 보다 세분화된 질문을 개발하거나 이런 커다란 문서세트를 작게 하는 다른 수단을 개발하는 방법을 배워야 한다.

기록물의 기술에 접근하는 것과는 달리 실제 문서에 대한 폭넓은 접근에는 보안문제도 있다. 전문 접근을 하기 위해서는 문서과나 자료관이 무슨 기록물에 누기 접근할 수 있는가에 대한 지침을 정해야 한다. 몇몇 자료는 보안으로 분류되거나 비밀문서로 분류되어야 한다. 그리고 정책들은 그것들을 전자적으로 이용 가능하도록 할 것인 지의 여부 그리고 누구에게 할 것인지에 관해서 세워져야 한다. 다시 말하지만, 이 과정은 극도로 시간을 소비하는 일이 될 수 있고 컴퓨터로 정보를 얻는 비용 대비 전문(全文)접근의 이점이 고찰되어야 한다.

## 파일 이동 통제하기

자동화된 기록물 관리시스템들은 문서과, 자료관, 기록관리기관에 걸쳐 파일의 이동을
조절하기 위하여 사용될 수 있다. 현재와 과거의 파일 이동을 추적하는 능력은 기록관리기
관의 필수적인 기능이다. 자동화된 파일 통제시스템은 파일을 추적할 수 있어야 하고 자동
적으로 주기적인 보고서를 만들어야 한다. 이러한 보고서는 파일을 보낼 필요가 있는 기록
물 관리직원을 일깨우기 위해 기간을 앞당기거나 기간이 지난 메모를 포함할 수 있다. 보고
서는 파일들이 여전히 필요한지 아니면 반환되어야 하는지를 결정하도록 사무실에 대한 질
문들을 포함할 것이다. 만일 ARMS가 기록물 추적과 통제, 파일 소환 같은 수동 과정을 통합
한다면, 대출표(charge-out slips) 및 문서에 기반한 파일대출은 제거될 수 있다.

컴퓨터들은 파일을 charge out하는 과정을 능률적으로 만들 수 있다. 예를 들면, 파일 통제
는 모든 권한이 부여된 사용자들을 포함하고 그들의 보안허가레벨을 구분하는 자동화된 직
원목록에 연결될 수 있다. 만일 요구된 정보가 사용자의 허가수준보다 높다면 기록물 관리
직원들은 기록물이 체크될 때 시스템에 의해 경고를 받게 될 것이다. 이 사용자 목록은 정기
적으로 업데이트 되어야 한다.

charge out과 체크인은 또한 바코딩 기술의 이용을 통하여 용이하게 될 수도 있다.

---

**바코드 :** 스캐너에 의해 읽혀지도록 라벨을 사용한 코드의 한 유
형. 각 바코드는 유일하며, 항목, 파일, 박스를 식별한다.

---

문서과, 자료관 혹은 기록관리기관에 있는 모든 파일과 박스는 특정한 숫자를 가지고 바
코드화 될 수 있다. 이러한 숫자들은 다른 기술 정보와 같이 ARMS에 입력된다. 박스나 파일
이 그것의 기록물 저장고에서 옮겨질 때마다 바코드는 컴퓨터에 부착된 특수한 스캐닝 장치
에 의해 읽혀지고 대출자의 이름과 위치가 기록된다. 바코드는 모든 바코드가 박스와 파일
에 할당되고 데이터 베이스화될 때 그 효율성이 나타난다. 그 이후에는 아무도 그 정보를
다시 입력할 수 없다. 기록물 관리직원만이 신분증으로 바코드 리더를 칠 수 있고 그들은
자동적으로 항목의 기술내용을 받을 수 있다. 어떤 자동화된 시스템에서든 비록 기록물이

기록물 보존시설을 결코 떠나지 않더라도 그것이 어디에 있는지를 추적하는 것은 중요하다.

> 자동화된 기록물 관리시스템은 하나의 기관 내에서 파일의
> 움직임을 통제할 수 있다.

## 사용자 등록

기록물과 영구기록의 사용자를 등록하기 위해서도 자동화를 이용할 수 있다. 이것은 내부/외부 사용자 혹은 연구자들에게 적용될 수 있다. 생애주기 추적 과정을 자동화하는 것과 마찬가지로, 등록 시스템의 기능적인 필요조건중의 하나는 필드가 사용자와 기록물의 상태를 반영하기 위해 자주 수정될 수 있어야만 한다. 이상적인 것은 보다 나은 기록물 관리를 위해 등록 시스템이 아래 제시된 것과 같은 유형의 보고서를 생산해 내는 것이다.

### 등록 데이터

등록데이터는 사용자들이 전시간에 걸쳐 추적될 수 있고 그들이 사용하는 기록물에 문제가 있는 경우에 접촉할 수 있도록 구성되어야 한다. 등록데이터는 또한 가장 자주 사용되는 소장기록물이나 가장 인기 있는 연구 주제를 결정하는데 유용한 관리도구이다. 이 정보는 고객을 목표로 사용될 수 있고, 원격 저장고로 보낼 가장 적절한 기록물을 결정하는데 사용될 수 있다.

등록데이터는 기관 내에 사용자들을 위해 사용된 모든 항목의 보고서와 일반적으로 체크아웃된 자료와 공식적으로 요청된 자료들에 대한 보고서를 생산할 수 있어야 한다. 일단 어떤 사용자가 등록이 되면, 이것은 매번 요청 때마다 사용자를 등록할 필요를 제거함으로써 기록물 인도 과정을 신속히 할 수 있다. 파일 추적력과 함께 이 기능은 만일 기록물이 반환될 때 파일의 일부분이 제거되었는지 또는 몇몇 의도적인 파일변경이 발생했는지 기록물을 추적하기 위하여 사용될 수 있다.

| 내부 사용자 | 외부 사용자 |
|---|---|
| 이름 | 이름 |
| 직위 | 협회 가입 |
| 부서 | 직위 |
| 전화번호 | 주소 |
| 팩스번호 | 전화번호 |
| 전자메일주소 | 팩스번호 |
| 보안등급분류 | 전자메일주소 |
| 요청된 아이템(이 필드를 반복할 수 있다) | 신분증 유형 |
|  | 요청된 아이템(이 필드를 반복할 수 있다.) |

**표 3 : 등록 데이터**

## 보고하기

보고는 어떤 기록보존관리 운영에서도 중요한 필요조건이다. 컴퓨터 시스템은 정기적인 보고서와 임시적인 보고서를 다양하게 만들 수 있다. 예를 들면, 직원과 사용자들은 색인 혹은 파일 라벨의 한 부분을 출력하기를 원한다는 것을 지정할 수 있어야 한다. 기록 관리 시스템에서 요구되는 일반적인 보고서의 종류는 다음과 같다.

1. 화면의 인쇄
2. 알파벳순서에 의한 주제/파일 색인
3. 숫자 코드/파일 색인
4. 보유된 파일 목록
5. 이용 불가능한 파일 공지
6. 기한이 지난 파일 목록
7. 파일 철회 공지
8. 파일 Charge-in/out 내력
9. 파일 볼륨 라벨
10. 볼륨 열기/닫기 형태

11. 폐쇄된 파일 보고서

12. 처리해야하는 파일들

13. 폐기된 파일/볼륨

14. 기록보존소로 이관된 파일/볼륨

15. 비활성 저장고로 이관된 파일/볼륨

16. 수행된 활동 통계

17. 파일 및 주제영역뿐만 아니라 개인 사용자들에 근거한 사용 통계

---

**[연습 5]**

여러분의 문서과나 자료관에서 자동화될 수 있는 기능 한가지를 확인하라. 그 처리과 정에서 필요한 기능적인 필요조건과 단계들은 무엇인가?

---

# 2. 기술적인 필요조건 확인하기

위에서 보았듯이, 기록물 보존관리를 위해 자동화가 많이 사용되고 있다. 적절한 자동화 된 시스템을 선택하기 위하여 그리고 그것이 효율적으로 작동하는 것을 확인하기 위하여 이들의 사용과 관련된 기능적인 필요조건을 확인하고 그 다음에 이것들을 컴퓨터나 시스템 의 기술적인 요구조건에 맞출 필요가 있다. 때로, 기술적으로 가능한 것과 컴퓨터에 대한 기관의 요구를 맞추는 것이 어려울 수도 있다.

이상적인 것은 자동화된 기록물 관리시스템이 수동 기록물 관리과정에서 발견되는 기능 들을 반영하는 것일 것이다. 이것이 왜 수동 시스템이 잘 구성되고 효율적이어야 하는가 하는 중요한 이유이다. 자동화 과정에서 위(등록 시스템, 생명 주기 추적, 색인, 파일 이동의 통제, 사용자 등록과 보고)에서 강조한 기록관리기능인 6 가지 주요영역은 기능에 적용할 수 있는 모든 관련데이터 필드를 결정하기 위해 기능적으로 세밀하게 분석되어야 한다. 그 렇게 해야 이러한 기능들이 컴퓨터의 기술적인 세부사항들에 대해 맞게된다.

예를 들어, 데이터 필드와 세분화된 데이터 입력, 컴퓨터 과정의 결과, 위에 논의된 파일 이동 기능을 통제하는 charge-out 보조활동을 위한 컴퓨터 화면상의 기술(記述)은 다음 표에 서 개관되어 있다.

| 입력 | 처리과정 | 컴퓨터 화면으로 출력 |
|---|---|---|
| 통제 번호(바코드)<br>파일 번호<br>볼륨 번호<br>출처/시리즈 정보<br>의뢰자<br>의뢰자 접촉 정보<br>기관 단위<br>접촉 정보<br>Charge-out 날짜<br>통제 번호<br>파일 번호<br>업무수행<br>1. Charge-out<br>2. Charge-out 수정<br>3. 아이템의 반납 | **1. Charge-out 정보 추가**<br>모든 필수적인 입력들이 만족스러<br>웠는지 검증.<br>데이터 베이스에 새로운 정보추가.<br>사람의 보안허가와 항목의 보안등<br>급 간의 조화에 대한 시스템보고. | 새로운 정보가 데이터 베이<br>스에 추가되었다는 메시지<br>표시.<br>보안 체크 결과의 표시.<br>파일과 관련된 charge-out<br>정보 표시. |
|  | **2. Charge-out 정보 수정**<br>입력 단계에서 입력된 정보에 근거<br>한 파일 검색 수행하기.<br>요구대로 필드 수정하기, 예를 들면,<br>의뢰자, Charge-out 날짜 등등 | 수정이 시스템에 의해<br>수용되었다는 메시지 표시.<br>파일과 관련한 charge-out<br>정보 표시. |
|  | **3. Charge-out 정보 제거**<br>입력 단계에서 입력된 정보에 근거<br>한 파일 검색 수행하기.<br>Charge-out 필드 제거하기 | 정보가 시스템으로부터<br>제거되었다는 정보 표시. |

**표 4 : Charge-out 연습**

## 3. 소프트웨어 얻기

　기능적인 필요조건의 철저한 검토와 기술적인 필요조건의 초기윤곽이 완성된 후에, 기술적인 필요조건들의 조사는 응용 소프트웨어의 선택과 함께 계속된다. 기록물을 관리하기 위한 다양한 처리과정과 활동을 용이하게 하는 소프트웨어의 선택은 어떤 자동화 프로젝트에서도 필수적인 구축과정이다. 가능하면, 소프트웨어는 하드웨어, LANs, WANs, 보다 먼저 선택하여야 한다. 기록물 관리의 자동화를 고려할 때 소프트웨어를 구입하는데는 세 가지 선택이 있다.

- 기관은 기록물관리기관을 위한 새로운 프로그램을 설계할 수 있다.
- 기관은 기존 제품이나 범용적인 소프트웨어를 구매할 수 있고 기록물 통제목적을 위해 이들 소프트웨어를 응용하여 사용할 수 있다.
- 기관은 전문 공급자로부터 전문화된 ARMS 소프트웨어를 구매할 수 있다.

### 응용 소프트웨어 설계

　기록관리기관에 맞는 주문 시스템을 설계하기 위하여 프로그래머와 함께 작업한다는 것은 처음에는 매력적으로 들린다. 소프트웨어는 국부적인 작업처리과정에 적합하게 설계될 수 있고 기록보관시스템의 독자적인 특성은 소프트웨어로 프로그램화 될 수 있다. 그러나 기록보존 기관을 위해 특별히 설치된 주문 프로그램은 원래의 프로그래머가 떠나면 때때로 유지하기가 어렵다. 정밀하고 완전한 관련 안내서가 시스템 내에 있어야 한다. 그러나 많은 경우에 주문 받아 만들어진 패키지들의 코드 부분은 대부분 컴퓨터 프로그래머의 머릿속에 남아 있다. 다른 문제는 기록보존 처리과정에 친숙하지 않고 법적증거로서 기록물에 대해 생각하는 것에 익숙하지 않은 프로그래머에게 문서과의 기능적인 필요조건들을 명확히 하는 것이 어렵다는 것이다. 또한, 만일 기록관리기관이 그들 자신만의 컴퓨터 프로그램을 쓴

다면 다른 시스템들과 정보를 교환하는 것은 어렵다.

## 기존 소프트웨어의 개조

또 다른 선택은 기록관리기관에서 사용할 수 있도록 범용적인 워드프로세스, 스프레드시트, 관계 데이터 베이스 소프트웨어를 개조하는 것이다. 이러한 접근방법의 장점은 만일 선택된 소프트웨어가 큰 기관에 의해서 지원된다면 소프트웨어를 유지하는 방법을 이해하고 문제를 해결할 수 있는 개인들에 의한 지속적인 지원은 지엽적이라는 것이다. 그것은 특별히 작성된 혹은 전문화된 소프트웨어보다 덜 비쌀 것이다. 부정적인 면은 개조 과정이 새롭게 설계된 소프트웨어에 서식, 필드를 설정하고, 데이터 입력을 위한 가이드 라인을 설정하는 것을 포함하고 있다는 것이다. 이러한 과정은 시스템 흐름을 정확하게 사용할 수 있도록 직원을 훈련시키는 일뿐만 아니라 원래의 디자인 면에서도 시간낭비이다. 그러나, 일단 완성되면, 이 개조 소프트웨어는 특수한 기록관리 소프트웨어의 많은 기능들을 흉내낼 수 있다. 또 다른 단점은 자료관의 기능적인 필요조건이 일반 소프트웨어로 프로그램하기가 어려울 수 있다는 점이다.

## 전문화된 소프트웨어 구매

많은 ARMS 소프트웨어 패키지는 오늘날 시장에서 입수 가능하다. 이러한 소프트웨어의 가격은 대개 경쟁력이 있지만 다양한 유형의 소프트웨어에 대한 접근과 기술적인 지원이 어떤 영역에서는 어려울 수도 있다. 전문화된 ARMS 프로그램의 이점은 문서과의 기능적인 필요조건을 충족시키도록 설계하기가 쉽다는 점이다. 그러나, 전문화된 ARMS 소프트웨어의 지원은 문제가 될 수 있고 만일 문제들이 있다면 기관 내에 있는 정보기술부서는 그러한 프로그램들에 도움을 제공하지 않을 것이다.

> 다양한 과정들과 활동들을 용이하게 하는 소프트웨어를
> 선택하는 것은 어떤 자동화 프로젝트에서도 필수적이다.

# 4. 적절한 소프트웨어 선택하기

소프트웨어를 선택하는 동안 제품 시연에 참석하고, 다른 유형의 소프트웨어를 사용하는 기관을 방문하거나 관련 사항을 논의하는 것이 현명하다. 기술적인 시스템 전문가나 기록관리 전문가 모두 선택한 시스템이 기술적인 면과 기관의 정보관리 필요성, 업무목표를 충족시킬 수 있음을 보장하는 것을 돕기 위해서는 모든 시연에 참가해야 한다. 때때로 의사결정을 하기 전에 사무실에서 미리 보기 위해 관련 소프트웨어의 데모 버전을 얻는 것은 가능하다. 만일 거래 쇼, 회의, 세미나 등에 참가할 어떤 기회가 있다면, 그러한 장소는 컴퓨터 기술의 새로운 발전을 살펴보는데 좋을 것이다. 주제에 관한 개략서나 논문을 포함하고 있는 소책자와 출판물을 읽는 것, 기록관리 단체에서 다른 사람들에게 얘기하고 그들의 경험을 듣는 것 또한 중요하다. 끝으로, 만일 기록관리기관이 전자 데이터를 가지고 있는 기존 시스템을 갖고 있다면, 추가적인 사항을 고려하면 이 데이터들을 새로운 시스템으로 옮기는 것이 쉬워질 것이다.

## 소프트웨어 선택 기준

특정 소프트웨어 패키지를 선택하는 기준을 정할 때 기능적인 필요조건에 대해 위에서 논의한 관점에 비추어 기술적인 능력을 고려하는 것이 중요하다. 어떤 응용 소프트웨어와 관련된 단기/장기 비용뿐 아니라, 소프트웨어의 일반적인 적합성을 고려하는 것도 필수적이다.

> *조잡한 기록처리 과정 기능을 자동화하기 위하여*
> *소프트웨어를 선택하지 않도록 하라.*

만일 기초적인 처리과정이 비능률적이면 자료관 운영을 자동화한다고 해서 더 좋게 만들 수 없다. 조잡하게 설계된 기초적인 기록물 처리과정을 자동화하기 위하여 소프트웨어를 선택하지 마라. 몇몇 기관들은 그들의 컴퓨터 환경을 표준화하려고 노력하고 사무실들이 특정 소프트웨어 패키지를 구매하도록 지원하고 허락한다. 이것은 기관의 선택을 대단히 제한할 수 있지만 위에서 기술했듯이 잘만 개조한다면 업무를 할 수 있는 해결책을 제공할 수 있다. 국부적인 지원의 이점은 강조해도 지나침이 없다. 기관이 소프트웨어를 선택하는데 아무리 주의를 기울인다해도, 그것이 모든 부서의 필요조건을 만족시킬 수 없고 기관에 적합하지 않은 요소들을 포함할 것이라는 점을 기억하라. 변화가 필요할 때 변화시킬 수 있도록 설치 후 사업자가 주문 서비스를 제공하는지 확인하는 것이 중요하다.

다음 요소를 고려하라.

1. 소프트웨어, 설치, 유지보수, 훈련, 사용설명서 등의 현재 비용과 유지비용을 계산하라. 시간이 지남에 따라 소프트웨어의 유지, 업그레이드와 관련된 다른 비용들 뿐 아니라 컴퓨터나 소프트웨어, 다른 요소들의 업그레이드를 위한 잠재적인 비용을 평가하는 것을 잊지 마라.

2. 기관이 이미 사용중이거나 구매한 운영 시스템, 하드웨어 장치, 네트워크와 소프트웨어의 호환성을 결정하라. 이러한 비교에는 메모리, 저장장치 그리고 새로운 소프트웨어를 위한 처리조건 등의 검사 등이 포함되어야 한다. 소프트웨어 생산자는 때때로 메모리와 데이터 처리를 위한 최소 그리고 최적의 필요조건들만을 목록으로 만든다. 만일 기존의 컴퓨터가 메모리와 소프트웨어를 운영하기 위한 데이터 처리조건을 최소한으로 만족시킨다면, 그 소프트웨어는 작동이 빠르지 않을 것이며 많은 사용자들을 지원하지 않을 것이다. 생산자에게 소프트웨어를 위한 메모리와 처리조건 등에 대해서 물어 보라.

3. 다른 시스템들(이를테면, 워드프로세스 혹은 기존에 데이터베이스)로부터 데이터를 받아들이는 능력을 결정하라.

4. 새로운 소프트웨어에서 나온 데이터는 프리젠테이션, 보고 등을 준비하기 위해 다른 프로그램으로 전달될 수 있는가?

5. 소프트웨어가 독립형 컴퓨터를 위해 설계되었는지 혹은 네트워크화 될 수 있고, 인트라넷이나 인터넷을 사용할 수 있는지 확인하라. 소프트웨어가 기관 내 기존의 LAN, WAN에 호환이 가능한가?

6. 이를테면 최대 동시사용자 수, 데이터 베이스로 입력될 수 있는 기록물 수 혹은 주어진 기간동안에 처리될 수 있는 업무처리의 양과 같은 소프트웨어의 응용프로그램에 어떠한 제한이 적절할 것인지 찾아라.

7. 소프트웨어의 보안특성, 언어능력, 통신능력 그리고 바코드와 색깔을 다룰 수 있는 능력 등의 범위를 확인하라.

8. 소프트웨어 인터페이스를 확인하라. 그것은 메뉴 혹은 명령 형식 시스템인가 혹은 윈도우 환경에서 작동하는가? 어떤 유형의 인터페이스에 기록물 관리직원들이 익숙한가, 새로운 유형의 인터페이스는 추가적인 훈련이 필요할 것이다.

9. 다음과 같은 다른 소프트웨어의 특징을 확인하라. 이를테면, 다양한 필드 길이, 주제

분류 능력, 색인, 검색, 일정과 정리 특성; 주제 분류 시스템의 다양한 레벨의 추가, 수정 및 제거 능력.

10. 소프트웨어가 가지고 있는 정보의 추가, 변경, 삭제 능력, 어떤 파일이 추가되기 전에 한 주제가 존재하는지를 검증하는 능력, 그리고 변경되거나 삭제된 각 파일 및 주제의 이력을 보존하기 위하여 그것이 어떤 종류의 추적장치를 가지고 있는지 검증하는 능력을 확인하라.

11. 소프트웨어가 입력과 출력(charging in and out), 위치확인, 이관추적, 출력업무행위(charge-out action)의 추적장치 등을 포함해서 파일, 문서, 볼륨, 박스 등을 추적하는지를 확인하라.

12. 시스템에 나타난 데이터에 수정이 가해지면 지리적으로 분산된 영역에 있는 기록물 취급에서도 조정이 가능한가?

13. 소프트웨어가 색인, 파일소환공지 및 라벨 등에 대한 통계적 보고로부터 정규적이고 임시적인 보고를 생산해낼 수 있는지 명확히 하라.

14. 만일 소프트웨어가 관계 데이터 베이스 개념에 근거하고 있다면, 기관은 데이터를 한 번 입력하고 파일의 증식과 중복적인 키보드 입력을 제거하기 위해 여러 번 사용할 수 있어야 한다. 이러한 방식으로 선택된 데이터 베이스의 기능들을 검증하라.

15. 소프트웨어가 인증을 처리할 수 있는지 그리고 업무활동(기존의 기록들을 추가, 삭제, 편집)을 수행하는데 선택적인 접근을 제공하는지, 기록물의 보안등급에 따른 선택적인 접근을 제공하는지, 또는 그러한 기능들이 운영 시스템이나 서버에 의한 높은 단계에서 다루어져야만 하는지를 결정하라.

16. 소프트웨어가 다른 응용 소프트웨어와 얼마나 잘 상호작용 하는지 데이터를 공유하는지 조사하라.

기록물 관리 소프트웨어를 선택할 때, 가장 좋은 방안은 기능적인 요구조건에 근거하여 점검리스트를 만들고, 소프트웨어를 보고, 또 사업자와 기관의 기술시스템 전문가와 함께 소프트웨어가 전문화된 기준들을 충족시킬 수 있도록 점검리스트를 검토하는 것이다. 이 과에 등장하는 다양한 질문들은 서로 다른 소프트웨이 사업자들의 대표와 면담을 위한 기준으로 사용될 수 있다. 사업자와의 관계에서 다루어져야 할 추가적인 문제들은 다음과 같다.

- 시연은 할 수 있는가?
- 현재 사용자 사이트는 어디인가?

- 어떤 설치 서비스가 이용가능한가?
- 어떤 유형의 사용자 설명서가 입수가능한가? (온라인상 및 출력물)
- 사업자로부터 받을 수 있는 훈련은 무엇인가?
- 어떤 유형의 도움이 제공될 수 있는가? (온라인, 전화 등등)
- 어떤 언어로 설명서와 훈련 자료가 쓰여져 있는가?

응용소프트웨어와 관련된 또 다른 정보원은 소프트웨어나 시스템을 이전에 이용한 사람이나 현재의 사용자들이다. 사용자들에게 그 응용 소프트웨어가 무슨 기록물 관련 기능을 수행했으며 그것이 그러한 기능들을 얼마나 잘 수행했는지 물어 보라. 직원들이 얼마나 쉽게 그 패키지의 이용법을 터득했는지 그리고 실행 상에 무슨 문제가 발생했는지 물어 보라. 사용자들은 그 소프트웨어가 얼마나 잘 사업자의 주장을 충족시키는지 그리고 그 응용 소프트웨어로부터 무엇을 기대할 수 있는지를 얻어낼 수 있는 좋은 원천이다. 끝으로, 사용자들이 그 소프트웨어를 다시 살 것인지를 물어 보라.

후보로 지정된 응용소프트웨어에 대한 마지막 정보원은 사업자로부터 테스트 버전을 얻어 이용해 보는 것이다. 테스트버전을 이용하여 만일 그 소프트웨어가 문서과의 기능적인 필요조건을 만족시킨다면 여러분에게 훈련이 얼마나 어려울지 그리고 만일 전자적인 형태로 존재하는 데이터가 새로운 응용소프트웨어로 쉽게 전송될 수 있는지에 대한 통찰을 얻을 수 있다. 모든 면담과 테스트에서 메모한 것을 보관하라.

기존의 응용소프트웨어로부터 새로운 시스템으로 데이터를 전송하는 어려움은 최소화될 수도 있고 혹은 커질 수도 있다. 새로운 시스템을 구매하기 전에 오래된 응용 소프트웨어와 구매될 어떤 시스템 사이에 이동을 시험해 보는 것은 중요하다. 판매를 희망하는 사업자들은 기록물 관련 시설이 데이터 이관 문제를 해결하도록 도움을 주는 일에 관심을 가질 것이다. 그러나 구매 후에 그러한 도움은 보장하기 어려울 것이다. 만일 이관이 테스트된 모든 패키지에서 매우 어렵다고 판명되면, 정보를 다시 조율하는 것이 보다 효율적이고 비용면에서도 효과적일 것이다.

일단 충분한 수의 소프트웨어 패키지를 보고 테스트한다면 각 상담에서 얻어진 기록들을 비교할 수 있고, 적절한 소프트웨어 패키지를 선택할 수 있다. 이러한 과정을 수행함으로써 기관은 최고의 가치를 얻을 수 있고, 기록물 관리상의 모든 요구가 충족될 것이며, 기록물 관리자는 값비싼 실수를 피할 수 있는 모든 조치를 취하는 것이 된다.

# 5. 하드웨어 선택하기

하드웨어를 선택할 때는 컴퓨터 요구에 대한 일빈적인 지침을 가지고 시작하는 깃이 중요하다. 사용될 특정 소프트웨어에 관계없이 모든 컴퓨터들은 적절한 전원 공급, 적합한 물리적 공간과 안전한 환경 등을 갖추어야 할 것이다. 그렇지 않으면 컴퓨터는 효율적으로 작동하지 않거나, 전혀 작동하지 않을 수도 있다. 하드웨어가 응용 소프트웨어를 위해 충분한 지원을 제공할 것이라는 것을 결정한 후에 몇몇 기관, 문서과, 자료관들은 결정된 하드웨어 요구사항에 다음과 같은 사항이 포함되어 있는지를 생각해야 한다.

> *하드웨어를 선택할 때, 소프트웨어 요구조건뿐만 아니라*
> *기관내 문제, 관리 및 기술적인 문제들을 고려하라.*

## 기관 내 요소들

다음과 같은 기관 내 문제들을 고려하라.

1. 어떤 하드웨어 표준이 조직에 요구되는가?
2. 기관 내에서 어떤 운영 시스템과 하드웨어 장치가 사용되고 있는가? (예를 들면, DOS 나 Windows 운영 체제와 함께 IBM PC, 혹은 Apple/Mac 운영 시스템과 함께 Apple/Macintosh를 사용하는가?)
3. 기관이 독립형 컴퓨터(독립적으로 작동하는 컴퓨터)를 가지고 있는가? 혹은 LAN(Local Area Network), WAN(Wide Area Network), 혹은 인트라넷(서로 의사소통 할 수 있는 컴퓨터와 사용되기 위해 지역 컴퓨터에 내재될 필요가 없는 소프트웨어 프로그램)에 의해 연결이 제공되고 있는가? 새로운 시스템에 의해 지원될 필요가 있는 연결 프로토콜

(TCP/IP 같은)은 무엇인가?

4. 현재 네트워크 연결과 서버는 새로운 시스템과 조화를 이루며, 또 이를 지원하는가?

5. 기관은 새로운 컴퓨터와 상호작용 하기 위해 필요한 주변장치들을 갖거나 혹은 필요가 있는가? 이를테면 프린터, 컴퓨터 모뎀, 스캐너, 바코드 장치, 광디스크 시스템 등.

6. 기관은 하드웨어나 운영시스템 레벨에서 보안장치를 채택하는가? 이것은 바이러스에 대한 보호뿐 아니라 컴퓨터로의 접근을 시도하는 해커나 인증되지 않은 사람들에 관해서 분석되어야 한다. 바이러스 방지 소프트웨어를 얼마나 자주 업데이트하는가?

7. 기관은 데이터를 백업하는 정기적인 일정표를 갖고 있는가? 무슨 방법이 사용되는가? 디스크 전체 혹은 미러 백업 혹은 최종 백업 이후 변경한 파일의 선택적인 백업?

## 관리문제

다음과 같은 행정상, 관리상의 문제들을 고려하라.

1. 구입 장비는 이미 기록관리기관에 있거나 기관 전체에서 선호되는 컴퓨터 하드웨어와 호환이 가능해야 한다.

2. 적절한 전원이 있어야 한다.

3. 일정하지 않은 전류와 서지(전류의 요동)에 의한 손상으로부터의 보호를 위한 예방조치가 취해져야 한다; 이것은 서지 보호장치나 변압기를 구매함으로써 예방조치를 할 수 있다. 서지 보호장치는 줄(joule, 일과 에너지의 단위)로 등급이 정해져 있다. 줄이 높을수록 보호가 잘 된다. 기록물 관리직원들은 컴퓨터 장비의 적절한 보호를 위해 그들에 나라에서 요구되는 최소 줄의 수를 조사해야 한다. 전류는 때로 일정하지 않고 서지나 스파크 없이도 피해를 줄 수 있다. 변압기는 전류를 일정하게 내보내고 전류의 보다 고른 흐름을 만든다.

4. 현재 그리고 계획된 컴퓨터 하드웨어와 필요한 가구들을 수용하기 위해 사무실 공간이 적절해야 한다.

5. 컴퓨터가 효율적으로 서비스될 수 있도록 유지, 보수, 대체 필요조건이 고려되어야 한다.

6. 절도, 자연 재해로부터 장비를 보호하기 위한 적절한 보안 및 환경 통제가 있어야 한다.

7. 컴퓨터 장비의 구매와 유지보수를 위한 체계적인 계획이 개발되고 실행되어야 한다.

이런 일반적인 기관의 필요성과 기록물 관련 요구사항을 이해하는 것 외에도 기록물 관리자나 아키비스트는 기술적인 세부사항과 관련된 주요 질문에 대한 답을 알아야 하고 그래야 그들은 선택된 컴퓨터가 자동화 프로젝트의 요구사항에 적합하다는 것을 보장할 수 있다.

문서과는 기관이나 혹은 기존의 하드웨어가 소프트웨어를 작동하거나 혹은 요구된 방식으로 네트워크에 설치되기 위한 최소 기준을 충족할 수 없다는 것을 발견할 때만 그것의 기능적인 필요조건을 대부분 만족시킬 수 있는 소프트웨어를 선택할 수 있다. 이러한 질문들은 선택된 하드웨어의 생산자 뿐 아니라 내부 정보 기술 직원에게 지도될 필요가 있다. 그들은 응용소프트웨어의 세부사항을 만족하는 하드웨어를 선택할 수 있도록 문서과나 자료관에 도움을 줄 것이다.

## 기술적인 세부사항

다음과 같은 기술적인 문제들을 고려하라.

1. 컴퓨터 하드웨어의 저장, 처리, 기억 용량은 소프트웨어 생산자에 의해 설명되는 저장 및 기억 용량을 충족하거나 초과해야 한다.
2. 데이터는 어떻게 처리되는가? 그 시스템은 일괄처리를 요구하는가? 많은 양의 데이터가 한번에 컴퓨터에 의해 처리되거나 혹은 데이터가 입력될 때 처리되는가?
3. 얼마나 많은 RAM을 컴퓨터에 내재하는가? 메모리는 추가될 수 있는가?
4. 얼마나 많은 VRAM이 컴퓨터에 내재하는가? 이것은 업그레이드 될 수 있는가? VRAM은 상당한 수의 이미지나 이미지 조작이 자동화 시스템의 일부분이라면 중요하다.
5. 컴퓨터의 MHz는 무엇인가? MHz는 CPU 속도를 의미하며, 데이터 전송률을 결정한다. 그러므로 MHz의 숫자가 크면 더 좋다.
6. 컴퓨터는 기록물관리를 위해 필요한 주변장치들을 지원하도록 구성되었는가?
7. 여러분이 필요로 하는 주변장치들이 컴퓨터 시스템에 부착될 수 있는가?
8. 주변장치를 관리하기 위하여 사용되는 내부 드라이브의 유형은 무엇인가? SCSI 혹은 IDE. 이것이 여러분이 컴퓨터에 부착할 수 있는 주변장치의 수에 영향을 미칠 것이다.
9. 사용하는 입력/출력 버스(I/O bus)의 유형은 무엇인가? I/O 버스는 하드웨어와 데이터가 내부/외부 주변장치(하드 드라이브, 이더넷 카드, 스캐너, 모니터, 프린터)로 전송되는 것 을 허용하는 배선과 CPU의 조합이다. 버스 구조는 초당 정해진 숫자로 전송될 수 있는 정보의 최대량을 제한하는 대역폭(통신에서 사용되는 주파수의 범위)을 가지고 있다. MHz와 함께, 버스는 데이터 전송률을 한정한다. I/O버스 크기는 비트에 의해서

측정된다. 이미지 정보를 전송하기 위한 최소 요구사양은 32비트 시스템이 고려되어야 하고 64비트 시스템이 보다 바람직하다. I/O버스 시스템은 다음을 포함한다.

MCA(Micro Channel Architecture) - 32비트
EISA(Extended Industry Standard Architecture) - 32비트
PCA(Peripheral Component Architecture) - 32비트

---

**[연습 8]**

여러분 기관에 상황과 관련 있는 컴퓨터 요구사양의 기술적인 세부사양에 대해 본 절에 질문들에 답하라.

---

# 6. 환경 및 보존 필요조건

자동화된 기록물 관리시스템을 구축함으로써, 기록관리기관은 그것이 전자기록물관리 (management of electronic records) 세계와 교차한다는 것을 알게될 것이다. 관리기관은 자신의 소장 전자기록물을 잘 유지하고 보존하는 방법에 대해서 생각하여야 한다. 자동화된 기록물 관리시스템에서 유지되는 정보가 보호될 수 있도록 보존수단이 개발될 필요가 있다. 만일 기관이 전자기록물의 물리적인 보호를 보장할 수 없다면, 기관은 기록물관리 자동화 프로그램을 수립할 것인지 말 것인지에 대해 신중하게 생각해야 한다.

> *전자기록물을 위한 보호(caring for electronic records) 에 대하여 보다 많은 정보를 원하면 전자기록물관리 (Managing Electronic Records) 편을 보십시오*

전자기록물의 보호는 데이터가 수록되어 있는 실제 수록매체를 보존하는 문제를 넘어서는 훨씬 광범위한 개념이다. 그것은 데이터를 소장하는 기술(하드웨어와 소프트웨어)뿐만 아니라 정보를 담고있는 실제 수록매체 둘 다를 포함하고 있다. 전자기록물을 다룰 때 물리적 수록매체에 대한 문제점들은 기술적 측면에 노후화라는 커다란 문제와 비교해 볼 때 아

무 것도 아니다. 그러나 보존계획은 기술적인 노후화를 피하는 것뿐만 아니라 물리적 수록매체의 보존이라는 두 가지 목표를 가지고 수립되어야 한다.

자동화를 위한 보존계획은 물리적인 환경 평가와 함께 시작한다. 이것은 온도, 상대습도, 청결에 있어 가능한 한 좋고 항상성 있는 조건의 보존환경 유지, 데이터 및 장비의 보안에 대한 적절한 보장, 서지(surge, 전압·전류의 불규칙한 요동) 보호기와 변압기를 설치함으로써 발생할 가능성이 항상 존재하는 과부하 같은 알려진 문제들로부터 예방적 차원의 보호를 포함한다. 또한 고압장치에서 발생하는 자기장에 의해 근처 지역에서는 자력을 잃을 수도 있기 때문에 자기매체에 저장된 전자기록물을 두지 않도록 하여야 한다. 이런 단계들을 체계적으로 거침으로써 현재의 시스템과 데이터를 보호한다. 그러나 보존계획은 또한 미래의 데이터에 대한 접근을 보장하는 문제도 포함해야 한다.

예를 들어, 보존 평가를 수행하라. 그러나 데이터를 백업하기 위한 정책과 절차를 개발할 필요가 있다는 것을 고려하라. 데이터 백업은 가장 중요한 보존 수단이다. 하지만 이런 업무 활동 자체가 보존계획을 구성하는 것은 아니다. 백업 빈도에 달려있지만, 많은 데이터가 위기상황에 부닥쳤을 때 분실될 수 있다. 게다가, 만일 건물에 대참사가 발생할 경우, 같은 장소에 보관된 백업자료는 파괴될 수 있다. 그러므로, 전산화된 형태의 정보를 포함한 모든 중요 기록물의 복사본은 문서과, 자료관 혹은 기록관리기관의 몇몇 외부지역에 분리하여 저장되어야 한다.

보존평가는 사용되고 있는 컴퓨터 기술이 결국 구식이 될 것이라는 불가피한 현실을 고려해야 한다. 현대의 전자기록물 관리시스템에서 생성된 데이터는 때로 생산한 하드웨어와 소프트웨어에 의존하고 있다. 이것은 많은 내부관계와 의존성을 포함하고 있는 관계형 데이터베이스에서 특히 그러하다. 시스템을 보존한다는 것은 단순히 데이터 요소들을 보존하는 것이 아니라, 이러한 관계들(관련정황)을 보존하는 문제도 고려해야 한다. 사실 자동화된 시스템에서 데이터의 진본성과 신뢰성은 데이터의 상호의존성 보존에 달려있기 때문이다.

기술적인 노후화 문제를 극복하기 위해서는, 한 시스템에서 다른 시스템으로 데이터를 옮기는 것(migrate)이 필수적이다.

---

*이전(Migration):* 한 세대의 하드웨어, 소프트웨어로부터 다음 세대의 하드웨어, 소프트웨어로 전자 형식으로 된 데이터를 옮기는 것.

---

이전이 성공하기 위해서는 데이터(내용)뿐만 아니라 데이터 구조, 데이터 요소들 간에 이

미 설정된 관계(정황, 이력관계), 전자 형식의 데이터 보기, 검색, 조작, 사용을 할 수 있는 능력과 같은 시스템의 모든 기능도 이전되어야 한다. 정황(관련 정보)은 때로 시스템의 메타데이터에 입력되므로 메타데이터와 그것의 기능들도 실제 데이터와 함께 이관되거나 이전되어야 한다.

이전은 기존시스템이 개방적이기보다 독점적인 표준을 채택한 시스템이라면 훨씬 어렵다. 독점적인 표준은 비밀코드를 포함할 수 있고, 데이터를 이동하게 하고, 특히 메타데이터를 이동하게 한다. 이전은 새로운 ARMS를 준비하는 프로젝트 계획 팀에 의해 고려되어야 한다. 일반적인 사용규칙과 개방적인 기준을 따르는 ARMS를 선택하는 것이 언젠가는 일어날 수 있는 데이터, 메타데이터, 기능 등의 이전을 더 쉽게 만들어 준다.

*이전에 대한 보다 많은 정보를 원하면 『전자기록물관리*
*(Managing Electronic Records)』편을 보라.*

구형화 된 전자적인 기록관리시스템에 있는 데이터 접근 문제와 관련하여 현재 연구 중인 새로운 기술로 에뮬레이션(다른 컴퓨터의 기계어 명령대로 실행할 수 있는 기능)이 있다. 에뮬레이션은 한 시스템에 있는 데이터를 미래에 나타날 다른 시스템에서 읽을 수 있도록 하는 것을 의미한다. 에뮬레이션은 시스템에 에뮬레이터라는 장치를 내장하여 작업한다. 에뮬레이터는 미래에 하드웨어, 운영체제, 구 데이터를 읽는 응용소프트웨어와 그것의 원래 형태로 사용하는데 필요한 모든 정보를 포함한다. 이 접근방법은 아직 실험이 진행중이다. 현재 공급되는 상업소프트웨어나 ARMS는 에뮬레이터를 포함하고 있지 않다.

> *보존수단은 자동화된 기록물 관리시스템에 유지 보관되는*
> *정보를 보호할 수 있게 개발되어야 한다.*

---

**[연습 9]**

만일 여러분이 기존 컴퓨터를 가지고 있다면 그것을 어떻게 업그레이드 할 것인가? 포함되는 비용은 얼마인가?

---

# 7. 사업자선택과 책임

많은 기관들이 경쟁을 통한 사업자 선택과 입찰 과정을 통하여 새로운 장비를 구매한다. 이 과정은 기록관리기관이 다양한 제품들을 평가하고 그것들의 품질과 능력을 비교하고 대조하는 것을 도울 수 있다. 이러한 경쟁과정을 추진하기 위해서는 기록관리기관이 기관의 기술 능력과 한계뿐만 아니라 업무 기능상의 필요조건도 탐구해야만 한다 ; 기관은 또한 프로젝트 일정과 사업자 평가를 위해 추진하게 될 진행과정을 결정해야 한다.

---

*입찰제안(Tender):* 정해진 비용 내에서 특정 제품이나 서비스를 공급하기 위해 자격이 가능한 공급업자들에 의한 제안

---

입찰제안 요구서에는 모든 분야의 필요조건을 문서화하고, 사업자들에 대한 응답 형식과 내용을 정하고, 응답을 위한 일정을 결정한다. 기관은 입찰 과정에 필요한 따라야만 하는 엄격한 가이드라인을 가져야 할 것이다. 기록관리기관은 자동화 계획을 추진하는 초기단계에서부터 이런 가이드라인을 잘 알고 있어야 한다. 왜냐하면 그 규칙들이 시기적으로 적절하고 명백한 요구조건일 수도 있기 때문이다. 만일 가이드라인이 애매 모호하다면, 기록관리기관은 입찰자에게 공정성을 주기 위한 일환으로 그들 자체의 절차들을 정해야만 한다.

한 가지 과정을 제안한다면, 입찰제안 요구서를 보내고, 협의회를 개최하고 그 협의회에 자격이 주어진 사업자들을 초대한다. 추가 사업자들도 초청을 할 수 있고 그들이 참석하도록 격려되어야 한다. 이것은 기록관리기관이 발주하는 입찰에 응찰 수에 대한 몇 가지 아이디어와 프로젝트에 대한 전반적인 관심 수준에 대한 암시를 제공한다. 그 회의에서, 기록관리기관은 충족되어야 하는 업무 기능상의 필요조건에 대한 개요를 설명하고, 추가로 충족되어야 하는 다른 요구조건들을 논의하고, 컴퓨터 기반구조에 관한 하한 기준을 제시하고, 향후 진행될 평가절차를 논의할 수 있다. 또한 회의에서 사업자들이 질문하고, 그 질문에 대해 같은 장소, 같은 시간에 질문에 대한 대답을 들을 수 있는 기회를 제공하여야 한다.

많은 기관들에서는 회의를 개최하는 것이 적절하지 않을 수 있다. 그러나 몇 개의 과정은 사업자들이 하는 질문에 대답하기 위해 정해져야 한다. 사업자들이 하는 모든 질문들을 정해진 기한까지 서면으로 요구하는 것이 더 좋다. 그 다음에 질문들은 모아 집계하고 대답을 서면으로 작성한다. 다음에 그 대답을 입찰에 관심을 표명했던 모든 사업자들에게 똑같이 보낸다. 질문을 했던 사업자들의 신원은 밝히지 않는다. 이렇게 하는 것이 모든 사업자들이

똑같은 정보를 동등하게 제공받았다는 인식을 갖게 해줄 것이며, 보다 공정한 입찰 과정을 제공할 수 있게 한다.

제안서를 공정하게 검토할 수 있게 진행절차를 규정하여야 한다. 기준은 그 시스템이 기관이나 문서과 혹은 자료관의 정해진 목적과 목표, 기술적인 요구조건, 진행중인 시스템 지원 그리고 비용 경쟁력 등을 얼마나 잘 만족시키는가를 근거로 하여 정해야 한다. 예를 들어, 제1장에서 보았던 Erewhon National Archives의 사례를 생각해 보자. 우선순위는 기술 시스템을 표준화하는 것이었다 ; 사용자 접근문제는 두 번째로 중요한 것이었다. 그러므로 사용자 접근에 초점을 맞춘 제안서는 기관의 목적과 목표를 충족시키는 측면에서 기록물에 대한 통제를 표준화된 기술시스템을 통해 향상시킨 자동화시스템보다 아래 단계의 등급을 받을 것이다.

다음은 입찰 초청에 있어 주요 구성요소들에 대한 개요이다.

1. 행정처리 절차에 대한 요약
2. 입찰 추진 사업 배경에 대한 정보
3. 자동화 프로젝트의 목적과 목표
4. 기관의 목적과 기술 측면에 대한 목표
5. 신규 도입되는 자동화 시스템과 기존 시스템 및 처리과정의 원만한 연계 방법
6. 입찰준비 및 제안서 제출 지침서
7. 조달 일정표(세분화 방법, 흐름, 날짜완성, 주문쇄도전망)
8. 하도급 계약 허용 가능 조건 및 일정 .
9. 보고서 작성
10. 계산서 작성
11. 기관의 추진 정책방향
12. 주요 구성요소, 표준, 처리과정 필요성의 권고안
13. 입찰제안서 평가 기준안
14. 기관 지원에 대한 평가
15. 위험 부담에 대한 논의
16. 기술적인 부문
17. 사업자들이 낯설어 하는 희귀 용어나 개념들에 대한 정의
18. 규격시, 표준안, 요구사항 등등
19. 관리 문제

20. 가격 문제
21. 프로젝트의 일정과 진행 단계에 관한 요구사항

입찰 평가는 미리 정해진 기준에 따라야 한다. 구매추천 임무를 가진 그룹은 다른 기준들이 얼마나 중요할 것인지를 결정해야 한다. 기준들은 요구된 작업, 업무연수, 그 제품의 다른 구매자들로부터의 추천, 작업샘플 혹은 테스트버전 소프트웨어의 질, 연례 보고서에 나타난 재정 감사표와 사업의 전반적인 규모와 함께 계약자의 이전 경험 등도 포함해야 한다. 사업 규모와 수명은 지속적인 제품 지원의 척도이다. 만일 위원회가 최종 결정을 하는데 있어 어려움이 있다면, 사업자들에게 제안설명회를 요구하는 것이 합리적이다.

일단 한 사업자가 신정되면, 계약단세로 넘어갈 것이나. 낳은 사업자들은 미리 작성된 계약서를 갖고 있다. 이 계약서에 입찰에서 개략적으로 정한 모든 사양이 포함되었는지 또한 입찰협의 중에 동의한 추가 항목들도 모두 포함되었는지를 확인하기 위해 주의 깊게 검토되어야 한다. 사업자들은 서면으로 작성된 계약조건 이외에 그 어떤 것도, 입찰협의 중에 구두로 동의했던 그 어떤 항목에 대해서도 제공할 법적 책임이 없다.

하드웨어와 소프트웨어를 구매할 때, 기록관리기관은 시스템의 유지보수와 업그레이드에 관한 다양한 옵션을 제공받아야 될 것이다. 지속적 효력이 있는 유형의 계약서는 다음과 같은 사항을 포함한다 : 시스템을 사용하는 직원들에 대한 교육 훈련, 소프트웨어 사용자에 대한 지원, 하드웨어 보수, 하드웨어 설치 지원 및 소프트웨어 주문제작. 이러한 서비스들은 상당한 투자비용을 수반할 수 있고 각 선택사양은 각각 별개로 결정되어야 한다.

만일 그 시스템을 처음 사용하게 되는 직원 비율이 높다면, 공급업자들이 제공하는 교육 훈련을 받아야 할 것이다. 공급업자들은 그 시스템을 명확하게 설명할 수 있을 뿐만 아니라 시스템 환경에 익숙하지 않은 개인들의 다양한 질문들에 대답할 수 있기 때문이다. 만일 기관 전체적으로는 기본 소프트웨어가 사용되고 단지 그 특정 데이터베이스만이 자료관에 독특한 것이라면 이런 서비스는 필요하지 않다.

전문화된 ARMS 소프트웨어는 대개 무료로 도움을 제공하는 시간이 적다. 만일 그 자료관 직원이 시스템을 처음 접하는 신규자이고 공급업자들이 제공하는 직원 교육훈련도 받지 못했다면, 공급업자가 제공하는 교육 훈련을 받을 수 있도록 어유 기금을 미리 확보헤 놓는 것이 좋을 것이다.

하드웨어를 도입하는 서비스 구매 계약은 기록관리기관의 자체 정보기술자로부터 얻을 수 있는 기술능력의 정도에 달려있다. 만일 정보기술 부서가 작업이 과도하여 빠르고 효율적인 기술자문에 대한 지원을 제공할 수 없다면, 공급업자 서비스 계약은 의미가 있을 것이고, 자동화된 기록관리시스템을 효율적으로 유지하는 수단이 될 것이다. 서비스 계약의 단점은 대개 관련 비용이 고정되어 있어 사용자가 서비스를 사용했건 하지 않았건 비용을 지불해야 한다는 것이다. 하드웨어 생산자들은 특히 하드웨어 설치 및 하드웨어와 주변기기들이 적절하게 인터페이스 되도록 하는 몇 가지 무료 지원을 제공한다.

소프트웨어 주문제작은 비쌀 수 있다. 만일 중요한 변경이 필요한 경우, 아마 선택된 기본 소프트웨어는 대부분 적절하지 않을 것이다. 또한 주문 소프트웨어가 특별히 기록관리기관을 위하여 개발되었으므로 많은 주문사양들이 장기간 지원을 받아야 하는 문제가 있을 수 있다. 주문제작은 기본 소프트웨어에 버그 및 문제들을 가져올 수 있으므로 최소한으로 해야 한다.

만일 프로젝트의 규모가 매우 작다면, 전체 입찰과정을 거칠 필요는 없다. 그러나 일련의 기준들을 설정하는 것과 그 기준에 따라 공급업자들을 검증하는 것은 여전히 중요하다.

---

### [연습 10]

여러분 기관에서는 구입하는 물품 및 장비들에 대한 입찰청구를 하기 위하여 어떤 절차를 거치는가? 컴퓨터 장비를 구매하는데도 같은 절차를 거치는가? 그 과정에 대해 간단히 설명서를 작성해 보라. 그리고 나서 그 과정을 입찰에 대한 개략에서 지적된 요점들과 비교해 보라. 그 요점과 비교하여 여러분 기관이 취하지 않은 어떤 정보가 있는가? 그 이유는 무엇인가?

# 자동화된 기록물관리시스템(ARMS): 기술 요구조건에 대한 점검항목

다음 체크항목들은 자동화된 기록물관리시스템(ARMS)을 조사하고 선택할 때 유용할 수 있다.

1. 소프트웨어 관련 비용은 얼마인가?
   - 독립형 버전     $_____
   - 네트워크 버전     $_____
   - 설치비용     $_____
   - 주문제작     $_____
   - 업그레이드     $_____
   - 보증기간     $_____
   - 유지보수     $_____
   - 긴급 지원     $_____
   - *매뉴얼 :*
   - 시스템 담당자용     $_____
   - 사용자용     $_____
   - 교육 훈련용     $_____
   - 기타     $_____
   - **총 비용**     $_____

2. 시연용은 있는가? 만일 시연이 가능하다면 어디서 할 것인가, 공급업자가 지정하는 장소에서, 고객이 지정하는 장소에서, 그 밖의 다른 곳에서?

3. 테스트 버전은 있는가?

4. 현재 사용하고 있는 자들은 누구인가?

5. 다른 응용소프트웨어에서 그 소프트웨어로 데이터를 입력할 수 있는가?
   - 워드프로세스
   - 스프레드시트
   - 다른 데이터베이스 관리시스템
   - 다른 ARMS
   - 기타 _____

6. 이 응용소프트웨어로부터 다른 응용소프트웨어로 데이터가 출력될 수 있는가?
   - 워드프로세스
   - 스프레드시트
   - 다른 데이터베이스 관리시스템
   - 다른 ARMS
   - 기타 _____

7. 어떤 설치 서비스가 이용가능한가?
   - 기존 데이터의 전환
   - 데이터 입력 서비스

8. 어떤 하드웨어가 소프트웨어와 호환될 수 있는가?
   - Apple
   - DEc Vax
   - IBM-PC 또는 호환제품들
   - 프린터
   - 기타 _____

9. 하드웨어 비용은 얼마인가?
   - 컴퓨터
   - 추가 메모리
   - RAM
   - VRAM
   - 추가 프로세서

- Ethernet 카드
- SCSI 드라이브

10. 메모리 필요조건은 무엇인가?
- 워크스테이션을 위한 최소 메모리 필요조건          _____
- 서버에 있는 소프트웨어를 위한 최소 메모리 필요조건     _____
- 서버에 있는 데이터베이스를 위한 최소 메모리 필요조건    _____

11. 운영시스템이 사용하는 소프트웨어는 무엇인가?
- DOS
- OS/2
- UNIX
- 기타 _____

12. 어떤 다수 사용자 환경이 지원되는가?
- Novell
- 3 Com
- Banyan Vines
- 기타 _____
- 사용자의 수 제한 _____

13. 소프트웨어는 다른 시스템과 어떻게 접속되는가?
- ASCII 데이터를 받아들임
- ASCII로 전환
- EBSDIC 받아들임
- CAR 시스템
- 바코드
- 데이터 입력/출력
- 팩스 수신/전송
- 전자메일 수신/전송
- 첨부 방법(예를 들면, MIME)
- 광 디스크 시스템

- 스캐너
- ODA/ODIF
- SGML
- 기타 _____

14. 사용자 인터페이스는 무엇인가?
- 명령 조종형
- 메뉴 조종형
- 그래픽 유저 인터페이스(GUI)
- 기타 _____

15. 어떤 도움이 이용가능한가?
- 자체 정보기술 부문
- 생산자에게 전화연결 도움
- 생산자의 지역 대리점
- 웹 기반 지원
- 프로그램에 있는 도움 메뉴
- 온라인 교육
- 생산자 고안한 교육프로그램
- 에러 메시지 가이드

16. 언어 특성은 무엇인가?
- 영자, 스크린, 필드 라벨, 도움 메시지, 설명서, 보고서, 훈련
- 다른 언어글자, 스크린, 필드 라벨, 도움 메시지, 설명서, 보고서, 훈련

17. 어떤 접근 통제가 제공되었는가?
- 네트워크 인증
- 사용자 프로필
- 사용자 이름
- 별명
- 지위

- 지점
- 부서
- 주소
- 전자메일 주소
- 전화
- 팩스
- 기능접근
- 언어
- 보아정리 레벨
- 바코드
- 권한목록
- 메모
- ARMS에 대한 접근통제
- 시스템 등록 암호
- 세 번만 시도가능
- 기능에 의한 제한
- 개인 또는 그룹에 의한 제한
- 보안레벨에 의한 제한
- 보안등급 5 단계까지

18. 소프트웨어가 색인과 검색을 어떻게 지원하는가?
- 데이터베이스 필드에 대한 풀 텍스트
- 문서에 대한 풀 텍스트
- 결합된 데이터베이스 필드
- 결합된 데이터 베이스 필드와 문서 텍스트
- 주제 필드에 키워드
- 소프드웨어와 판린하여 사용되는 제한된 어휘
- 인공지능(fuzzy logic)
- 근접 검색
- 구문 검색
- 범위 검색

- 와일드카드 인도
- 와일드카드 끼워 넣기
- 와일드카드 추적
- 하이퍼텍스트
- 어떤 필드에서 가능한 정지단어 목록
- 정지단어 목록 편집
- 화면에 보여지는 검색 목록
- 검색 결과에 한번에 나타난 검색목록의 수
- 검색을 포기할 능력
- 검색 결과를 편집
- 이전/다음 검색목록으로 이동
- 검색 결과 화면으로부터 상세 화면으로 가기
- 차후 사용을 위해 모든 혹은 선택된 검색결과 저장하기
- 차후 사용을 위해 일상적인 검색 저장하기
- 검색결과를 숫자, 알파벳 순, 알파벳- 숫자로 소트
- 어느 필드에 의해서

19. 보고능력은 무엇인가?
- 감사추적
- 하드웨어와 소프트웨어 에러
- 통계
- 접근이력
- 권한이 없는 접근시도
- 모든 접근에 대한 날짜
- 사용자 이름과 접속한 것에 대한 정보
- 수행된 검색/작업활동 유형
- 어떤 데이터 항목에 근거 한 것인가
- 필드의 명령에서
- 생성된 보고서를 출력하는 능력

# 요약

이 장에서는 소프트웨어와 하드웨어의 선택에 있어 고려해야 하는 문제들을 개략적으로 살펴보았다. 여기에는 다음과 같은 사항이 포함된다.

- 기능적인 필요조건 분석
- 기술적인 필요조건 확인
- 환경적인 필요조건과 보존 필요조건
- 시업지 선정과 책임

자동화 시스템을 효율적으로 운영되도록 만들기 위하여 기록관리운영의 기능적인 필요조건들이 소프트웨어와 하드웨어의 기술적인 필요조건에 얼마나 잘 부합되는지를 평가하는 것을 중점적으로 논의했다. 이 장은 현재 사용자들과 사업자를 위한 표본 질문을 주고 고려해야할 주요 요점에 대한 체크항목을 제공함으로써 자동화 시스템을 위해 적절한 소프트웨어와 하드웨어의 선택기준을 제공했다. 또 선택 과정에서 고려해야 할 환경 보호 및 데이터 보호의 필요조건들을 논의했다. 마지막으로 사업자 선택 과정과 지속적인 사업자 지원 문제들에 대한 논의로 끝을 맺었다.

# 심화학습문제

1. 기관에서 컴퓨터 장비를 설치할 때 적합한 기본적인 물리적인 필요조건은 무엇인가?
2. 왜 기관은 어떤 컴퓨터 시스템을 설치하는 것을 결정하기 전에 이미 이용 가능한 컴퓨터 의 특성을 평가해야 하는가?
3. 자동화된 기록물 관리시스템이 수행할 수 있어야 하는 다음 각각의 임무를 설명하시오 : 파일 분류시스템의 유지, 정보 색인하기, 기록물 검색하기, 파일이동 통제하기, 기록물 처리일정, 보고서 작성 관리하기
4. 컴퓨터를 사용한 자동 색인의 이점을 설명하시오
5. 컴퓨터가 파일이동을 추적하는 것을 어떻게 도울 수 있는가?
6. 자동화된 기록물 시스템은 어떤 종류의 보고서를 생산할 수 있는가?
7. 어떤 컴퓨터 시스템을 설치할지를 결정할 때 어떤 일반적인 질문을 할 수 있는가?
8. 데이터베이스 시스템은 무엇인가?
9. 기관은 이용이 가능한 소프트웨어 패키지의 적합성을 어떻게 평가해야 하는가?
10. 소프트웨어를 선택할 때 고려해야 하는 5가지 기준을 말하라.
11. 소프트웨어를 조사할 때 명심해야 하는 주요 요점을 약술하라.
12. 응용 소프트웨어의 테스트버전을 사용하는 이점은 무엇인가?
13. 입찰제안 요구서란 무엇인가?
14. 입찰 과정에는 어떤 부분들이 있는가?
15. 입찰을 위한 초대장과 함께 협의회를 개최하는 이점은 무엇인가?

# 활동: 조언

## 연습 5

만일 여러분이 파일요청과정을 자동화한다면, 처리과정 중에 있는 단계, 즉 기능적인 필요조건은 사용자로부터 요청을 받고, 파일을 찾고, 파일을 확인표시하고, 그것을 사용자에게 전송하고, 파일의 이동을 추적하고, 그것을 자료관으로 반환받고, 그것을 시스템으로 반환하여 기록하고, 그것을 선반 위나 박스 안에 넣는 것 등이 될 것이다.

## 연습 6

연습5에서와 같은 표본 사용 시 입력되어야 하는 데이터는 사용자 이름, 부서, 요청된 파일, 날짜 등이다. 파일이 반환되었을 때 입력되는 데이터는 반환 날짜가 될 것이다.

컴퓨터 운영은 파일 위치, 시스템 사용자를 찾기 위하여 그리고 그 날짜의 파일에 사용자를 연결시키는 기록을 만들기 위하여 필요할 것이다.

컴퓨터 화면상에 요구하는 출력은 사용자 이름, 부서, 파일 제목, 코드, 검색 날짜를 보여주는 필드들이 될 것이다. 반환 필드의 날짜는 빈 공간으로 남게될 것이다. 파일이 반환됐을 때 컴퓨터 화면은 반환날짜를 보여줄 것이다.

## 연습 7

여러분이 시스템 사용자에게 묻고자 하는 질문 :

1. 왜 그들은 그 특정시스템을 선택하였는가?
2. 그들은 얼마나 많은 다른 시스템들을 살펴보았으며, 그들은 무엇을 했는가?
3. 선택한 시스템이 얼마나 사용하기 쉬웠는가?
4. 그것의 비용은 얼마였는가?
5. 설치하는데 어떤 문제들은 없었는가?
6. 훈련은 어떻게 하였는가?
7. 그들은 어떤 새로운 장비를 사야했는가 아니면 그들은 기존의 장비를 사용했는가?
8. 설치이후에 소프트웨어에 어떤 문제들이 있었는가?
9. 그들은 사업자들을 추천했는가?
10. 선택 및 설치와 관련하여 전체 과정은 얼마나 걸렸는가?

## 연습 8

기술적인 세부사항들에 대한 질문에 대답하기 위해 필요한 정보는 여러분의 컴퓨터 및 컴퓨터에 따라온 시스템 설명서를 찾아봄으로써 알 수 있다. 만일 여러분이 답을 발견할 수 없다면 컴퓨터를 설치한 사람 혹은 기관에 IT를 책임지고 있는 사람에게 물어 보라.

## 연습 9

일단 여러분이 기존 컴퓨터 시스템의 세부사양을 안다면 여러분은 소프트웨어 패키지를 작동시키기 위하여 기존 장비의 일부분을 업그레이드 할 필요가 있다는 것을 발견할지도 모른다. 여러분의 기존 장비를 업그레이드 할 수 있을 지도 모른다.─예를 들면 메모리를 늘리는 것, 새로운 큰 하드디스크를 설치하는 것, 혹은 Window 98 같은 최신 운영 시스템을 설치하는 것. 그러나 만일 여러분의 기존 시스템이 너무 오래되었다면 새로운 컴퓨터를 구매하여야 할 수도 있다. 또 프린터나 스캐너 등과 같은 주변장치들을 업그레이드 해야할지도 모른다. 비용에는 단지 장비뿐만 아니라 그것을 설치하기 위한 전문가들의 A/S 비용도 포함될 것이다. 여러분의 요구를 충분히 만족시키는 것 이상의 장비를 사는 것 또한 중요하다. 여러분은 다음해에 또다시 업그레이드해야되는 것을 원하지 않는다.

## 연습 10

여러분은 기관에서 물품공급이나 서비스를 요청하는데 어떤 과정이 필요한지 알기 위해 조달책임을 지고 있는 사람에게 말해야 할 것이다. 만일 조달절차가 정해져 있지 않다면 여러분은 그것을 써야 할 것이다.

# 자동화된 기록물관리시스템의 구축과 유지

일단 자동화 프로그램이 계획되고, 하드웨어와 소프트웨어가 선택되고, 구매되었다면, 장비 및 소프트웨어를 설치하고, 선택한 프로그램을 실행할 것이다. 기록물 관리를 위해 설치되는 자동화 시스템으로 인한 기록관리기관에 물리적, 절차적인 변화들이 있을 것이다. 서비스가 필요 이상으로 방해받지 않는다는 것을 보장하는 시스템 전환계획은 프로젝트팀에 달려있다.

최소 한 명의 정식직원이 시스템 관리자로 지정되어야 하고, 가능하다면 기관은 공급업자에게 설치 및 교육훈련 기간동안 프로젝트 감독자를 제공하도록 요구해야 한다. 시스템 관리자는 작성된 시스템 문서의 개발 및 유지뿐만 아니라 프로젝트의 전반적인 관리를 맡는다. 이 장에서는 문서과나 자료관에서 기록물 관련 업무기능들을 수행하기 위한 시스템을 설치하고 일단 작동된 프로그램을 유지하는데 필요한 단계를 시험한다. 다음과 같은 사항들을 포함한 문제들을 논의한다.

- 시스템 설치하기
- 새 자동화 시스템으로 전환
- 시스템을 문서화하기
- 직원 교육훈련하기
- 설치 시에 시스템을 평가하고 그것을 주기적으로 재검토하기
- 기관의 지원을 유지하기

## 1. 시스템 설치하기

> *가능하다면 기관 자체의 정보기술 서비스 팀에 컴퓨터 전문가가*
> *컴퓨터를 설치하여야 한다.*

물리적으로 하드웨어를 설치하고 소프트웨어를 세팅하는 것은 복잡하고 많은 시간이 소요될 수가 있다. 가능하다면 기관 자체 정보기술 서비스 팀에 컴퓨터 전문가들이 컴퓨터를 설치하여야 한다. 시스템을 설치할 때 다음과 같은 작업이 필요하다.

1. 하드웨어가 설치될 위치 확인과 적당한 전력이 공급되는지, 충분한지, 적절한 위치에 콘센트가 있는지 확인하라.
2. 포장된 하드웨어를 풀고 주문한대로 사양이 맞는지 확인하기 위하여 포장리스트와 구성물품을 체크하여야 한다.
3. 소프트웨어는 그것이 주문한 버전인지, 운영시스템에서 올바르게 작동하는지를 검증 체크하여야 한다.
4. 컴퓨터와 주변장치들을 설치하고 모든 소프트웨어를 세팅한다.
5. 각 소프트웨어 패키지는 그것이 올바로 설치되었는지 확실하게 체크해야 한다. 기록물 관리직원은 소프트웨어 설치 시에 선택해야 할 기능, 보안 및 권한 등의 사양이 올바로 설정되는지를 확인하기 위하여 컴퓨터 기술자와 밀접하게 작업해야 할 것이다.
6. 모든 주변장치에 대해서도 이 장치들을 구동시키는 소프트웨어에서 했던 것과 마찬가지로 작동되는지 체크해야 한다.
7. 컴퓨터가 네트워크에 연결되면, 네트워크(전자메일, LANs, WANs, Intranet, 인터넷)를 설치하고 체크해야 한다.

---

**[연습 11]**

신규 도입되는 자동화 시스템의 모든 부분의 기능이 동작한다는 것을 누가 검증할 것인지 그리고 컴퓨터의 물리적인 구성에 누가 책임질 것인지를 포함하여 여러분 기관에 시스템을 설치하기 위한 계획을 개발하라.

---

## 2. 새 시스템으로의 전환

많은 경우에 문서과는 다른 응용소프트웨어에서 신규 도입되는 자동화시스템으로 데이터를 이전하는 것과 수동시스템에서 자동화된 기록물관리시스템으로 데이터의 전환 이 두 가지

형태의 전환에 직면할 것이다. 예를 들어, 기관이 이미 스프레드시트 프로그램에서 파일 제목 정보를 유지 보관하는 것을 시작했고, 이것을 새로운 관계형 데이터베이스로 전환하기로 결정했다면 기존 데이터는 새 시스템으로 이전될 필요가 있을 것이다. 마찬가지로 만일 어떤 기록관리기관이 카드목록을 유지했고, 수동으로 색인작업을 했던 것들을 자동화 시스템으로 전환을 결정했다면, 카드에서 컴퓨터로 수동으로 데이터를 입력할 필요가 있을 것이다. 이러한 두 가지 유형의 전환은 서로 다른 전략이 필요하고 별개의 문제를 가지고 있다.

## 다른 응용소프트웨어로부터 데이터를 이전시키기

좀더 오래된 자동화시스템으로부터 새로운 시스템으로 데이터를 옮기기 위해 사용된 전략은, 이동되어야 할 데이터 양, 계획된 이동의 용이성, 재조정 비용 대 전환을 위한 다른 선택사양들에 따라 달라질 것이다. 어떤 방법이 선택되든, 이전의 정확성을 보장하기 위하여 전환된 데이터에 대한 세심한 검사가 요구되고, 그 데이터 사용이 지속적으로 가능하도록 한다. 이전을 위한 전략에는 다음과 같은 것들이 포함된다.

- 한 응용소프트웨어에서 다른 응용소프트웨어로 직접적으로 데이터를 옮기는 것
- '브릿지(bridge)' 프로그램을 사용하는 것
- 전환을 용이하게 하기 위해 특정한 컴퓨터 프로그램을 쓰는 것

직접 옮기는 방법이 항상 선호되는데, 왜냐하면 그것이 대개 가장 쉬운 방법이고 실수가 가장 적게 발생하기 때문이다. 그러나 만일 데이터가 응용소프트웨어나 플랫폼을 통하여 읽혀지는 것이 가능한 개방형 표준이라기보다는 오히려 독점성에 기반을 둔 오래된 응용소프트웨어에 있다면 그러한 이동이 항상 가능한 것은 아니다. 플랫폼은 컴퓨터나 응용소프트웨어를 작동하게 하는 운영시스템의 한 유형이다. 몇몇 흔한 플랫폼들의 예를 들면 윈도우(PC), 매킨토시, 유닉스 등이다. 플랫폼들을 교차하여 상호 운용하는 경우가 증가하는 반면에 플랫폼들 간에 이전 시 대개는 어느 정도 데이터의 손실이 있다. 만일 플랫폼 교차 이전이 필요하다면, 데이터는 그것의 지속적인 신뢰성을 확보하기 위하여 이전 후에 주의 깊게 점검되어야 한다.

---

*플랫폼(Platform):* 응용소프트웨어가 작동할 수 있게 하는 컴퓨터 또는 운영시스템. 예로, 흔한 플랫폼은 윈도우(PC), 매킨토시, 유닉스

---

브릿지 혹은 전환 프로그램들은 한 데이터베이스 프로그램에서 다른 데이터베이스 프로그램으로 데이터를 전송할 때 사용된다. 데이터를 전송하는 사람은 이전 응용프로그램에 있는 필드를 확인해야만 하고, 그리고 나서 새로운 응용소프트웨어에 있는 어느 필드로 데이터 조각들을 끼워 넣을 것인지 정해야 한다. 이전 응용소프트웨어와 새로운 응용소프트웨어에 있는 필드를 정렬하는 이러한 과정은 데이터가 한 응용소프트웨어에서 다른 소프트웨어로 자동적으로 전송될 때 그것들이 새로운 응용소프트웨어의 정확한 필드로 일관성 있게 자리잡는 것을 보장하기 위해 상당한 노력을 요구한다. 이것은 만일 그 기록물들이 크고 필드가 복잡하면 상당히 많은 시간이 소비될 수 있다.

만일 상용 변환프로그램이 작동하지 않는다면, 최후의 대안은 주문 프로그램을 만드는 것이다. 이전에 말했듯이, 컴퓨터 프로그래밍은 비싸고 그 결과가 좋을 것이라는 보장은 없다.

---

**[연습 12]**

만일 가능하면, 자동화되어있는 여러분 기관 또는 다른 기관에 기존의 기록물 관련 업무활동을 확인하고 어떻게 데이터를 새로운 데이터베이스로 이전시킬 것인지 논의해 보라.

---

## 수동시스템으로부터의 데이터 입력

수동시스템으로부터 데이터를 전환하는 일은 데이터 입력에 드는 시간 소모적인 작업을 포함한다. 문서과나 자료관은 하드웨어와 소프트웨어가 정상적으로 운용된 후 일정기간 동안 수동과 자동시스템으로 작업할 것이다. 좋은 전략은 자동화된 시스템이 사용되고, 구형 수동시스템이 더 이상 업그레이드 될 수 없는 종료일자를 선택하는 것이다. 이 일자는 새로운 시스템이 설치된 후 몇 일 혹은 몇 주 후가 될 것이다. 직원은 그 일자가 선택된 후에 기록관리기관으로 전송된 새 데이터들을 가지고 작업할 때 정보를 컴퓨터에 입력할 것이다. 모든 초기 정보는 수동시스템에서 유지될 것이고 직원은 시간이 허락함에 따라 그 데이터를 컴퓨터에 입력하고 정보가 전송되는 것을 주의깊게 추적하면서 서서히 전환할 수 있다. 이러한 과정은 소급 전환으로 알려져 있다.

---

*데이터 입력은 시간이 걸리는 작업이다.*

---

소급전환에 드는 노력에도 불구하고 수동시스템에서 데이터 에러나 데이터가 생략되는 문제점이 노출되기 마련이다. 이런 문제들은 소급전환 과정에서 다루어져야 한다. 비록 이 과정이 전환 속도를 늦출지라도, 결국에 그것은 기록을 더 잘 통제할 수 있도록 해준다. 소급전환은 사전에 수립된 계획에 따라 체계적으로 수행되어야 한다. 예로, 가장 빈번히 사용되는 기록물의 정보는 사용자와 문서과 직원들이 효율적인 검색을 할 수 있게 가장 먼저 시스템에 입력될 것이다. 그 소급전환 계획은 또한 하급 권한의 사무실에서 온 기록물을 입력하기 전에 상위 사무실로부터 온 기록물을 시스템에 입력하는 사무실 위계에 기반을 둘 것이다. 정책도 또한 전환 순서를 규정할 것이다. 예를 들어, 만일 자동화 프로젝트가 재무성에서 옹호자를 가지고 있다면, 그 기관의 기록물은 초기단계에 새로운 시스템을 사용하여 접근 가능하게 만들어질 것이다. 따라서 정보는 그것을 잘 이용할만한 부서나 기관에서 쉽사리 이용할 수 있다.

정확한 데이터 입력은 자동화 프로젝트가 성공하느냐를 결정하는 주요 요소 중 하나이다. 그러므로, 데이터 입력이 단지 컴퓨터에 정보를 타이핑하는 것으로만 생각되어져서는 안된다. 정식 절차와 기준을 정하고, 훈련을 제공하고, 품질관리를 유지하는 것은 중요하다.

*데이터 입력을 위한 표준은 다음 장에서 상세하게 논의된다.*

품질관리는 어떤 데이터 입력을 수행하건 필수적이다. 찾기, 검색, 색인 등과 같은 기능적인 필요조건들은 정확하고 에러가 없는 데이터의 이용을 염두에 두고 있다. 품질관리 프로그램은 데이터 입력이 시작될 때 실행할 수 있도록 구축 전에 설치되어야 한다. 구축하는 동안에 감독자는 직원들이 필드를 정확히 사용하고 에러가 없는 데이터를 입력하는 것을 보장하기 위하여 자주 그리고 주의 깊게 입력된 정보를 점검해야 한다. 작업수행 최초 3개월에서 6개월 동안은, 품질관리에 대한 체크가 자주 되어야 하고 입력된 많은 양의 데이터를 점검하여야 한다. 직원 훈련이 완전히 끝나고 시스템이 6개월 혹은 그 이상 작동되고 나면, 덜 빈번하게 품질관리 점검을 해도 되고 입력된 데이터의 일부를 점검하는 것으로 대신할 수 있다.

---

**[연습 13]**

여러분 기관의 소급전환 계획을 설계하라. 자동화 과정을 확인하고 새 시스템으로의 데이터 입력 계획을 대략적으로 정하라. 그 결정의 이론적 근거를 제시하라.

---

# 3. 시스템을 문서화하기

문서화는 자동화 시스템을 사용하고 유지하는데 있어 기록물에 대한 책임을 다루는 중요 요소이다. 세 가지 유형의 문서화가 필수적이다. 두 가지 유형은-사용자 매뉴얼(User manual)과 시스템 관리매뉴얼-기록관리기관에 의해 만들어진다. 세 번째 유형은-메타데이터-ARMS에 의해 자동적으로 생성된다. 그러나 생성된 메타데이터 정보는 어떻게 그 시스템이 설정되고, 기록관리기관이 어떤 유형의 데이터를 수집할 것인가를 결정하는 것에 따라 다양하게 변할 수 있다.

> 문서화는 자동화 시스템을 사용하고 유지하는데 중요한 요소이다.

## 시스템 관리매뉴얼(system administration manual)

시스템 관리매뉴얼은 시스템의 기능을 최상으로 유지되는 것을 보장하기 위하여 중요하다. 시스템 관리매뉴얼은 자동화 시스템의 필요조건, 용량, 한계, 디자인, 운영, 유지 등에 관해 설명해야 한다. 그러한 매뉴얼은 정보기술 혹은 기록물 관리 직원이 시스템에서 발생하는 문제들을 해결하는 것을 도울 것이다. 이 매뉴얼은 또한 시스템을 문서화하는 데 하나의 자원이 되고, 하드웨어와 운영시스템 및 모든 응용소프트웨어의 설치와 구성에 관한 모든 정보가 포함되어야 한다. 만일 문제 발생 시, 이 정보는 시스템에 장착된 소프트웨어와 주변장치간의 충돌 문제를 확인하는 열쇠가 될 것이다. 시스템 관리매뉴얼의 주요 부문은 다음과 같다.

- 하드웨어 : 타입, 브랜드명, 모델번호, 시스템의 모든 하드웨어 구성요소의 설치 날짜
- 소프트웨어 : 버전번호, 실행날짜, 모든 시스템 소프트웨어와 응용프로그램 백업사본
- 유지보수 : 유지보수일지는 정기적인 유지보수 발생을 문서화하기 위해 보관되어야 한다.

주변장치 및 소프트웨어의 추가와 제거는 시스템 설정에 영향을 줄 수 있으며, 시스템 운영 중 충돌을 일으킬 수 있다. 모든 하드웨어를 목록화하여 가지고 있어야 하고, 그것의 기술적인 규격사양을 기록하고 관리해야 한다. 만일 기본 컴퓨터에 메모리 혹은 이더넷 카드와 같은 어떤 것이 추가되면, 이러한 정보는 목록에 포함되어야 한다.

또한 문서화는 사용자 목록과 시스템에 기록물들을 추가, 편집, 혹은 삭제할 권한을 가진 사람 모두를 목록에 포함해야 한다. 이 후자의 목록은 의심할 여지없이 어떠한 운영을 완성하기에 앞서 시스템에 그 자신들을 인증해야 하는 직원 명단일 것이다. 시스템 관리에는 또한 시스템 내에 특이한 활동이나 권한이 없는 접근을 찾아내기 위한 정기적인 점검활동 보고서를 출력해내는 일도 포함된다.

시스템 관리매뉴얼은 또한 지속적인 기능활동과 시스템의 유지보수를 보장하기 위한 활동에 대하여 다루어야 한다. 이것은 주기적인 시스템 무결성 점검, 정기적인 데이터 백업, 정기적인 최신 바이러스 방지 프로그램의 설치와 같은 행동들을 포함한다.

## 사용자 매뉴얼

사용자 매뉴얼에서 표준운영절차(Standard Operating Procedures ; SOPs) 혹은 문서로 쓰여진 시스템 절차를 유지하는 것은 문서과 또는 자료관의 책임이다. 사용자 매뉴얼은 시스템을 위해 행해진 운용절차, 운영시스템, 의사결정, 변경, 업데이트 등을 포함해야 한다. 그 매뉴얼은 가능한 한 특정 업무들에 대한 많은 참고자료를 가지고 분명하고 완전한 형태로 작성되어야 한다.

운용절차의 문서화는 데이터 입력과 수정, 기록물 업데이트와 삭제, 기술 색인화, 디스크·테이프·마이크로필름 등에 대한 백업 절차, 기록물의 무결성을 시험하기 위한 절차, 함부로 변경하는 것과 권한이 없는 접근을 방지하기 위한 보안장치 등에 대한 설명을 포함한다. 사용자 매뉴얼은 컴퓨터를 켜는 것에서부터 데이터 입력까지 기록물을 관리하기 위하여 사용되는 자동화 시스템의 모든 면을 포함해야 한다. 본질적으로, 사용자 매뉴얼은 기록물 관리 직원들이 분명한 단계별 개요에 따라 시스템에서 수행하는 모든 절차를 통해 익혀야 한다. 사용자 매뉴얼 부문은 다음과 같은 것을 포함해야 한다.

- 컴퓨터 환경에 대한 소개 : 자동화 시스템이 네트워크에서 작동하는 클라이언트서버 응용소프트웨어인지 혹은 독립형 데스크 탑 컴퓨터에서 작동하는지 등등.
- 컴퓨터와 모니터를 켜는 방법에 대한 소개
- 이를테면, 컴퓨터의 개인적 사용과 같은 컴퓨터 사용법에 관한 정책
- 기록물 관리를 위한 컴퓨터 및 자동화된 시스템에 로그온하는 지침서
- 기록물과 시스템 기능을 관리하기 위한 자동화된 시스템의 개요
- 다른 응용소프트웨어에 접근하는 방법(기록물 관리를 위한 자동화 시스템, 워드프로세서, 인터넷)

- 기록물 관리를 위한 자동화 시스템과 그 시스템의 목적 및 범위 내에 있는 각 기능들에 접근하는 방법
- 파일과 폴더의 명명 약정을 적용하는 방법
- 프린터, 스캐너, CD ROM과 같은 주변장치들을 작동하는 방법과 기록물 관리를 위해 자동화된 시스템과 이것들을 연결하는 방법
- 데이터를 저장하고 백업하는 절차

## 메타데이터(Metadata)

> 메타데이터는 데이터에 대한 데이터이다.

시스템 문서화를 유지하는 것에 덧붙여, 자동화된 기록물 관리시스템은 자체적인 운영기록일지를 만들고 사용해야 한다. 운영기록일지를 만드는 시스템은 메타데이터의 한 유형이다. 메타데이터의 다른 유형들은 사용자들에 의해 시스템에 입력된 정보들에 의존한다. 메타데이터의 근원이 무엇이었던 간에, 메타데이터는 데이터의 진본성과 무결성을 보존하고, 실제 기록을 분석하기 위한 정황을 유지하는 것이 목적인 기록물을 관리하기 위하여 사용되는 시스템에 있어 중요한 요소이다. 메타데이터는 접근성을 향상시키고 자동으로 사용을 규제하기 위해 사용될 수 있다. 요약하면, 잘 사용된다면 메타데이터는 이전에 직원들이 수동으로 수행한 어떤 운영기능을 자동적으로 행함으로써, 인증된 정보의 재사용을 자동적으로 제공함으로써 시스템 효율성과 비용 절감을 증진시킬 수 있다.

> **메타데이터** : 기록물을 생산하고, 조작하고, 사용하고, 저장하는데
> 사용된 기술상, 행정상 처리과정들을 설명하는 기록물에 관련된 정보

메타데이터는 자동화 시스템과 그것이 어떻게 작동하는가에 대한 개별 정보 객체와 문서화된 기록들, 그것의 기능과 활용, 다른 정보 객체와의 관계, 관리되어야 하는 방법에 대해 문서화된 데이터이다. 메타데이터는 볼드체와 이탤릭체를 표기하기 위해 사용되는 코드들에 대하여 설명할 수 있다. 비록 우리는 실제 단어를 볼드체로 보지만, 컴퓨터는 단지 그 단어 의 bold만 강조되어야 하는 것을 의미하는 내장 코드를 읽을 수 있을 뿐이며, 그 결과로 그 단어 bold를 보여주는 것이다.

극단적으로, 메타데이터는 관리 목적으로 사용할 수 있고, 전자시스템에서 기록물의 범위, 진본성, 무결성을 문서화하고 확인하는 것을 돕는 데 사용할 수 있다. 다음은 Erewhon National Archive의 재무성 기록물에 관한 데이터 베이스 입력을 위해 수집한 선택된 정보의 유형에 대한 사례이다. 그 다음 단락에서는, 이 기록물에 있는 다양한 필드와 관련될 수 있는 다양한 유형의 메타데이터가 논의될 것이다. 어떤 메타데이터는 기술항목 또는 색인 단어와 같이 공개적으로 보여질 수 있음을 알아라. 변경과 활용을 추적하는 다른 유형의 메타데이터는 시스템 관리자만 볼 수 있다.

*메타데이터에 관한 보다 많은 정보를 원하면 『전자 기록물 관리(Managing Electronic Records)』를 보라.*

---

## Erewhon National Archives

통제번호 :
기록물 생산/수정 날짜 :
출 처 : 재무성(Treasury Department)
제 목 : 기록물
날 짜 : 1946 – 1988
범위(총) : 168 미터
포 맷 : 종이, 사진
접 촉 인 : 이름
　　　　　주소
　　　　　전화번호/팩스
　　　　　전자메일
　　　　　전송된 기록물 : 5/18/72
범 위 : 68 라인
　　　　내용기록
　　　　상자 목록리스트
　　　　보안등급
전송된 기록물 : 8/18/92
범 위 : 100 미터
　　　　내용기록
　　　　상자 목록리스트
　　　　보안등급
색인용어(통제된) :
색인용어(통제되지 않은) :
관련기록과의 연결 :
위 치 :

---

메타데이터는 수많은 다양한 행위자들에 의해 만들어질 수 있다. 시스템 그 자체가 메타데이터를 만든다. 위 사례에서 기록물에 대한 통제번호, 생산 및 수정날짜는 시스템에서 생성된 메타데이터이다. 이러한 메타데이터를 가지고 시스템은 공개적으로 볼 수 없는 메타데이터를 통해 정보를 입력하거나 혹은 편집하는 사람의 신원을 추적할 수 있다. 이 기록 생산자는 데이터를 입력하는 동안에도 메타데이터 만들 수 있다. 이러한 메타데이터는 기술 색인 용어를 포함할 수 있다. 기관의 시스템 관리자로서 일하는 컴퓨터국(局) 직원은 시스템을 설치 및 설정하는 동안에 메타데이터를 만들 것이다.

이러한 메타데이터는 색인용어 필드로써 필드를 통제하고 이 필드에 포함되어야 하는 어떤 용어만을 허용한다. 사용자들은 만일 그들이 문서를 교정하거나 혹은 데이터를 조작할 필요가 있다면 심지어 메타데이터를 만들어 낼 수도 있다.

기록보존소에서 시스템에 의해서 다량의 메타데이터가 만들어진다면, 이들이 어떻게 매일 매일 운영과 장기간의 계획 과정에서 사용될 수 있는 가에 대해서 생각하는 것은 자연스러운 일이다. 메타데이터는 관리적 메타데이터, 기술적 메타데이터, 구조적 및 기술적 메타데이터로 분류할 수 있다.

**관리적인 메타데이터**

관리적인 메타데이터는 정보자원을 관리하고 운영하는데 사용된다. 그것은 특정한 서버나 보관소에 있는 기록물의 관리와 관련이 있다. 위의 사례에서, 관리적인 메타데이터로 간주되는 정보의 몇몇 유형은 :

- 생산 날짜
- 최종 수정한 날짜
- 기록물 생산자 또는 수정자의 신원

정보의 두 가지 유형은 기록물을 보여주는 모든 화면에서 볼 수 있을 것이다. 마지막 부분의 정보는 시스템 관리자만 볼 수 있을 것이다. 시스템 관리자만 볼 수 있는 또 다른 유형의 메타데이터는 다양한 버전을 추적함으로써 시간의 흐름에 따른 기록물의 발전을 추적하는 관리적 메타데이터나 이용을 규정하는 메타데이터일 것이다.

예를 들면, 관리적 메타데이터는 보안등급 정보를 통합시키고 이것을 사용자와 연결하여 맞출 수 있다. 예를 들면, 사용사가 찾기를 마치고 재무성 기록을 검색하게 되면, 메타데이터는 사용자의 보안등급과 각 기록물의 보안등급을 맞추어보고 사용자가 각각 두 종류로 전송된 기록물의 모든 목록을 볼 수 있는 적절한 등급을 가지고 있는지를 결정한다.

### 기술(descriptive)적인 메타데이터

기술적인 메타데이터는 정보를 기술하거나 확인한다. 이것이 가장 일반적으로 사용되는 메타데이터의 유형이다. 이를 통해 몇몇 필드가 어떤 규정된 형식으로 된 데이터만 받아들일 수 있도록 프로그램 할 수 있다. 예를 들면, 기록물 전송 날짜 필드 같은 필드에서 10/2/1932 또는10 February 1932와 같이 적지 않고 10/02/32로 적도록 날짜 형식을 규정할 수 있다.

기술적 메타데이터는 색인용어 같은 필드두 통제할 수 있다. 만일 Erewhon National Archives 에서처럼 하나의 통제된 어휘가 채택되어 있다면, 메타데이터는 색인용어 필드로 입력되어야 하는 특정 용어들만을 허용할 것이다.

### 기술(technical)적인 메타데이터

기술적인 메타데이터는 하드웨어, 운영 시스템, 주어진 시스템에 설치된 소프트웨어 등과 관련이 있다. 그것은 또한 암호화 키 및 패스워드 등과 같은 인증과 보안데이터를 포함한다. 기술적인 메타데이터는 또한 일반 사용자는 볼 수 없다. 그러나 Erewhon National Archives에서 재무성 기록물을 위한 컴퓨터 기록물을 생산하기 위하여 시스템에 로그인하려면, 기록물 관리직원은 정해진 사용자 이름과 패스워드를 입력함으로서 시스템에 로그인 할 수 있다.

### 구조적인 메타데이터

구조적인 메타데이터는 복합적인 기록물 또는 혼합된 기록물의 논리적인 구성요소들과 보고를 위한 내용 테이블 같은 구성요소들에 접근하는 방법을 정의한다. 구조적인 메타데이터는 이 사례에서는 적용되지 않는다. 그러나 5과에서 논의되는 것처럼 특히 디지털화된 문서에 접근하는데 중요하다.

---

**[연습 14]**

만일 여러분이 자동화된 파일 분류 시스템을 사용했다면, 여러분은 어떤 필드를 가졌을 것이며 그것들은 어떻게 생겼을 것인가?

---

# 3. 직원 교육훈련

> *직원들에 대한 교육훈련 프로그램은 신중하게 계획되어야 한다.*

　직원들에 대한 교육훈련의 내용, 깊이와 속도는 기록물 관리직원이 이미 컴퓨터에 대해 경험한 정도에 달려 있다. 직원들 가운데는 컴퓨터에 대한 많은 전문지식을 가진 사람들이 있을 것이다. 만일 새로운 ARMS와 함께 문서과에 컴퓨터가 도입되었다면, 아마 직원들 중 십중팔구는 선택된 특정 자동화 기록물 관리시스템뿐만 아니라 기본적인 컴퓨터 기술에 대해서도 교육받아야 할 것이다. 그러므로 직원 훈련 프로그램은 신중하게 개요를 정할 필요가 있다. 실제적인 강의계획을 개발하고 교과과정을 가르치는 일은 대개 그 분야에서 전문적 지식을 가진 사람들에게 위임한다고 하더라도, 자동화 프로젝트팀은 적절한 컴퓨터 기술이 확실하게 제공되도록 관심을 가져야 한다.

　훈련 프로그램의 첫 단계는 직원들의 컴퓨터 지식을 평가하는 것이다. 이것은 간단한 조사를 통해 실시할 수 있는데, 시스템을 돌리기 전에 실시하여 기본적인 컴퓨터 기술을 필요로 하는 직원이 시스템이 설치되기 이전에 교육을 받을 수 있도록 하는 것이 이상적이다. 이것은 특히 결코 한번도 타자기를 다뤄 본적이 없고 그래서 키보드 입력 기술이 없는 직원을 확인한다는 점에서 중요하다. 그렇게 하면 직원 모두가 요구되는 모든 기본적인 기술을 갖게 될 것이므로 모든 기록물 관리직원을 동시에 실제 시스템에서 훈련시킬 수 있다. 만일 시스템에 대한 기본적인 훈련을 제공하는 특별 협정이 공급업자와 체결되었다면 이렇게 동시에 모든 사람이 훈련받을 수 있도록 하는 것이 중요할 것이다.

　조사결과 직원들이 다양한 컴퓨터 기술을 갖고 있는 것으로 나타날지도 모른다 : 어떤 직원은 컴퓨터를 켜지도 못할 수도 있고, 또 어떤 사람들은 워드프로세스 지식을 가지고 있을 수도 있고, 또 어떤 사람들은 기록물 관리소프트웨어를 포함한 다양한 응용 프로그램에 대해서 폭넓은 지식을 가지고 있을 수도 있다. 이런 경우, 직원은 다양한 수준의 그룹으로 나누어 질 수 있다. 예를 들면, 컴퓨터를 전혀 작동해 보지 않은 사람들은 키보드 입력, 마우스 작동, 워드프로세스 같은 기술들을 배울 것이다.

　훈련 프로그램을 계획할 때, 기록관리기관은 모든 컴퓨터 기술 자체를 개발하고 가르칠 필요는 없다. 대형기관, 지역대학과 업무 교육 프로그램들은 각 기록관리기관이 이용할 수 있는 정해진 프로그램을 제공할지도 모른다. 그렇게 되면 기록관리기관은 자동화된 기록물

관리시스템에 훈련을 집중할 수 있다.

훈련 프로그램을 설계할 때, 기록관리기관은 각 부서에 있는 개인들이 서로 다른 책임과 의무를 가지고 있다는 것을 명심하여야 한다. 직원들은 그들의 일을 완성하기 위해 다양한 수준과 유형의 컴퓨터 기술을 요구할 것이다. 예를 들면, 비서임무를 가진 사람은 데이터 입력만을 할 것이다. 그러므로, 그러한 일을 위한 훈련은 키보드 입력(정확한 데이터의 입력)과 각 필드로 데이터를 입력하는 규칙을 이해시키는데 집중해야 할 것이다. 기록 분석가는 데이터입력보다는 전문화된 색인을 만들고, 검색 전략을 개발하고, 사용자를 위한 검색결과를 해석하는 일에 보다 많이 참여할 것이다. 이러한 활동들은 응용 소프트웨어가 어떻게 작동하는가와 다양한 기능들 뒤에 있는 개념들에 대한 보다 깊은 이해를 요구한 것이다.

컴퓨터 훈련 프로그램은 단지 기술적인 문제 이상을 다룰 필요가 있다. 컴퓨터 시스템의 실행은 직원들의 역할과 책임에 대한 기대에 도전이 될 뿐 아니라 관리 문제에 있어서 중요한 변화를 일으킬 수 있다. 예를 들면, 상위 관리자들은 비서가 하는 정도의 컴퓨터 사용법을 알 필요가 있다. 그러므로 이들 각양 각색의 직원들은 기본적인 키보드 입력을 배울 필요가 있을 것이다. 게다가, 훈련에서는 업무에 대한 불안감과 컴퓨터에 대한 두려움으로 신규 사용자들이 겪을 수 있는 근심을 다룰 필요가 있다. 교과과정은 또한 컴퓨터 윤리 및 컴퓨터 작업실에 대한 규정들에 관한 문제들도 다루어야 한다.

---

### [연습 15]

여러분의 기관은 전산화에 대해 전문지식을 가진 사람들과 접촉하는가? 이들이 전산화에 대해서 강연과 워크샵 등을 통해 가르칠 수 있는가? 만일 그렇지 않다면, 기관 내 직원들에게 컴퓨터 전문기술을 가르칠 수 있는 공공 혹은 민간부문에 있는 전문가들을 확인하기 위해 취해야하는 조치는 무엇인가?

---

## 4. 자동화 시스템 평가하기

평가는 자동화 프로그램의 성공여부에 중요한 요소이다. 다양한 평가유형이 시스템 구축을 감시 점검하기 위하여 기관의 특정한 요구사항에 맞게 개조될 수 있다.

처리과정을 따르고 평가하기 위해, 구축에 앞서 사이트로부터 데이터의 기준선을 수집하는 것이 유용하다. 자료관의 환경에서, 이러한 데이터는 한 달 안에 처리된 많은 기록물들, 정보에 대한 많은 요구, 수동시스템에서 정보를 찾는 데에 소비되는 시간, 기록물 색인에 소비되는 시간, 문서과로 전송된 기록물의 크기 또는 부피, 관련질문을 수행하기 위한 평균 시간 등을 포함할 수 있다. 이들 변수들은 자동화된 기록물 관리시스템 구축 후에 수집된 데이터를 비교하기 위하여 사용된다.

평가를 할 때는, 무엇을 평가할 것인지를 명확히 해야 한다. 예를 들면, 시스템에 초점을 맞출 것인가 아니면 기록물 관리직원의 업무 수행에 초점을 맞출 것인가? 또 다른 결정은 누가 평가자가 될 것인가 하는 것이다. 사용자 뿐 아니라 기록물 관리직원들도 포함할 것인가? 전 기관 내 협동작업과 기술적인 공동 방향의 중요성 뿐 아니라 자동화 시스템을 선택하는 일과 관계되는 정책들이 주어진다면 어떤 새로운 시스템이건 그에 대해 가능한 한 광범위한 평가가 이루어져야 한다. 이러한 폭넓은 분석이 문서과 직원과 다른 부서에 있는 동료들 그리고 외부 사용자들이 그들의 생각을 표현할 기회를 보장해 줄 것이다.

> *평가는 자동화의 성공여부에 중요한 요소이다.*

평가에는 형성 평가와 종합 평가라는 두 가지 유형이 있다. 형성 평가는 하나 혹은 그 이상의 기록물 관리 과정에 새 컴퓨터를 도입하는 것과 같은 변화 과정에서 행해지는 평가 유형이다. 종합 평가는 새 자동화 시스템으로의 교체와 같은 변화가 완료된 후에 행해지는 평가 유형이다. 이러한 것들은 개별적으로 행해질 수 있지만 최선의 결과를 얻기 위해 종종 이 두 가지 유형을 결합하여 사용하기도 한다.

형성 평가는 프로젝트를 진행하는 전과정에서 행해진다. 평가자들은 체계적으로 그들의 분석을 프로젝트 관리팀에게 피드백 한다. 이것은 새로운 기술을 평가하는 효율적인 방법으로 증명되었다. 새로운 응용소프트웨어를 개발하는데 사용될 때, 형성 평가 유형은 사용자 중심으로 고안된 것으로 간주되고 자동화를 도입하는데 매우 효과적이라는 것이 증명되었다. 이러한 접근방법은 변화를 허용하고 또 문제에 직면했을 때 즉각적으로 대처할 수 있고, 기관의 필요와 목적을 만족하는지 계속적으로 감시 점검할 수 있는 올바른 수단을 허용한다.

형성 평가는 프로젝트 중에 행해지기 때문에 때때로 반응을 분석하기 어렵다. 왜냐하면 원하는 어떤 기능이 아직 구축이 안 되었거나 또는 만일 형성 평가가 그 시점에서 행해지면 작은 문제들이 보이지 않기 때문이다. 형성 평가는 관찰, 면담, 조사, 그리고 소프트웨어를 운영하는 사용자들의 업무처리 로그(입출력 정보 등을 기록한 데이터)를 포함하는 방법을 혼합방식을 사용한다. 소프트웨어 패키지 개발 단계에서 관찰은 소프트웨어에 대한 반응을 이해하고, 문제들이 어디서 발생하는지 알아보는데 특히 유용하다.

종합평가는 프로젝트 마지막에 수행한다. 이것은 전체 시스템이 완전하게 기능을 발휘하고 작동한 후에 완성되기 때문에 도움이 된다. 따라서, 평가는 완전히 작동하는 시스템평가이다. 종합 평가는 또한 관찰, 면담, 조사 그리고 소프트웨어를 운영하는 사용자들의 업무처리 로그 등을 이용한다. 그러나, 종합 평가에서는 평가가 시스템에 대한 전반적인 설계, 설정, 구축, 형성 평가가 하는 방법 등에 영향을 끼칠 기회는 거의 없다.

평가가 이용자에 초점을 두고 있다면, 적절한 측정요소들은 각기 다른 화면에 대한 이용자들의 전반적인 이해도, 검색성공률, 탐색에 대한 친밀도 등이 될 것이다. 평가가 기록관리 직원에 초점을 둔다면, 그 평가는 데이터 입력의 용이성, 각 화면에 올바른 정보가 나타나고 있는지, 그리고 이용이 많은 시간에 시스템의 반응시간 등에 초점을 둘 것이다.

---

**[연습 16]**

형성적이든 종합적이든 여러분이 평가과정에서 답을 얻고 싶은 질문을 최소한 네 가지 작성하라.

---

## 정기적으로 시스템 검토하기

기술은 급속하게 발전한다. 어떤 시스템을 구축한 후 바로 직원들은 새로운 요구조건들에 주목하게 되거나 그러한 요구조건에 맞추기 위해 시스템을 변경하는 방법을 발견하게 될 것이다. 몇몇 가능한 변화들은 시스템의 전반적인 세팅환경을 변경하도록 요구할지도 모른다. 다른 변화들은 추가의 하드웨어나 소프트웨어 구매를 요구할지도 모른다. 초기의 요구사항 개발시와 마찬가지로 가능한 변화를 분석하여, '요구된다' '유익하다' '좋을 것이다' 등으로 구분할 필요가 있다.

수동이나 자동화된 모든 시스템은 주기적인 평가와 검토가 필요하다. 평가는 시스템 개발 중이나 구축 직후에만 행해지는 것이 아니다. 평가는 시스템이 여전히 상위 기관 뿐 아니라 기록관리기관의 사업목표를 충족하고 있다는 것을 보장하기 위해 최소한 매년 기준으로 수행되어야 한다. 시스템이 일정기간 동안 정상 운용된 후에 그것의 장점과 단점을 평가하는 것이 좋다. 왜냐하면 그때까지 모든 사용자들은 시스템과 친하게 될 기회를 갖게 될 것이며 그것의 긍정적인 면과 부정적인 면을 보다 잘 알게 될 것이기 때문이다. 이러한 평가는 사용자들이 그 시스템의 기능들을 얼마나 잘 이해했는지 볼 수 있는 기회를 제공할 것이다. 또한 평가를 통해 어느 부분에서 추가적인 사용자 훈련이나 시스템 문서화가 필요한지를 알 수 있다.

> *수동 또는 자동화된 모든 시스템들은 주기적으로 검사되어야 한다.*

다양한 평가 과정들은 다른 부서 직원이나 외부 사용자들보다는 기록물 관리 직원을 위하여 사용되어야 할 것이다. 만일 기관 규모가 크다면, 단지 몇몇 직원만 평가에 포함될 것이다. 그러나 평가자들은 상위 조직에 있는 모든 부분이 평가에서 대표되어야 한다는 것과 시스템 사용자와 비사용자들에게 시스템에 대해서 논평할 기회를 보장해야 한다. 사람들이 시스템을 사용하지 않는 이유를 이해하는 것은 디자인 변경 결정과 업그레이드의 우선순위 결정에 매우 큰 도움이 될 수 있다.

평가는 내부적으로는 문서와 직원에 의해 행해질 수 있다. 대안으로, 컨설턴트를 고용하여 평가를 하고, 데이터를 분석하여, 보고서를 작성하도록 할 수 있다. 이것은 추가비용이 들지만, 만일 기록관리기관의 직원 중 아무도 평가방법과 분석에 기술이 없다면, 컨설턴트를 고용하는 것이 좋은 결과를 낳을 것이다. 외부 컨설턴트는 또한 신뢰감을 더 줄 수 있고, 문서와 직원이 기관의 상위 직원에게 이전에 분명히 밝힌 시스템의 필요성에 영향력 있는 도움을 줄 수 있다. 때로, 기관의 책임자들은 자체직원들보다는 외부 컨설턴트들에게 귀를 더 기울인다.

일단 시스템이 설치되어 시행준비가 완료되면, 비록 작은 변경이라 할 지라도 기록물 관리시스템을 통하여 폭포와 같은 정보전달 효과를 가질 수 있다. 만일 평가결과 변경을 추천한다면, 이 변경들은 수행되기 전에 신중하게 고려되어야 한다. 또 이것들은 변경을 조사하고 사용자 및 관리자들과 함께 문제들을 토론하는 위원회를 통하여 면밀히 조사되어야 한다. 이러한 논의결과, 공급업자나 다른 컴퓨터 프로그래머를 통해 향상시키도록 지불결정이 날 지도 모른다 ; 소프트웨어의 새로운 버전이 나올 때까지 기다리거나 컴퓨터 불만을 해소시키기 위한 변화 절차가 될 것이다.

정기적인 감시점검과 주기적인 평가를 실시함으로써 ARMS 시스템이 다음과 같은 상태로 유지되도록 해야 한다.

- ARMS 시스템이 현재 통용되고 있다.
- ARMS 시스템이 최신 기술로 준비되어 있다.

- ARMS 시스템이 사용자와 기록물 관리직원의 요구를 만족시킨다.
- ARMS 시스템이 법률적인 요구조건과 정책적인 요구조건을 만족시킨다.
- ARMS 시스템이 기관의 ARMS의 지속적인 성공과 효율성에 필수적이다.

# 5. 기관 차원의 지원 유지하기

자동화 시스템을 위한 모든 지원은, 자동화 선택과 구축프로젝트가 끝난 후에도 오랫동안 필요할 것이다. 구축과정은 어려울 수 있고, 설치 과정에서 문제가 발생할 수도 있다. 기관 차원의 지원은 문제를 겪으면서, 미래에 더 큰 이익을 위해 최초 몇 달 작업기간동안에 불편을 견디면서 작업하는 직원들을 격려하기 위해 필요하다.

사용자들은 수동시스템에 익숙해 있어 초기에는 변화되는 것을 꺼릴 수도 있다. 기록관리기관은 다른 부서에 있는 동료들을 위해 새로운 시스템의 목적과 목표 그리고 그들의 업무목적에 더 나은 지원을 하게될 가능성을 설명하는 공적 관계 자료를 개발하기를 원할 수도 있다. 어떤 사용자들은 기록관리기관이 이중 시스템(수동 및 자동화)을 유지해 줄 것을 요구할 지도 모른다. 이것은 불가능한 일이며 자동화된 시스템의 시간절약과 효율성 등을 부정하는 것이다. 기록물 관리 직원은 기관과 정부의 상급관리들이 자동시스템으로의 변화를 수용하도록 해야 한다.

# 요약

3과는 문서과 또는 자료관에 새로운 자동화 시스템을 도입할 때 설치 및 실행과 관련하여 설명되어야 하는 사항에 대해 약술했다. 다음과 같은 점들이 여기에 포함된다.

- 시스템 설정하기
- 새로운 자동화 시스템으로 전환하기
- 시스템과 관련한 모든 사항을 문서화하기
- 직원 훈련하기
- 시스템 설치에 대해 평가하기와 그것을 주기적으로 검토하기
- 기관 차원의 지원 유지하기

시스템을 설정하는 것은 물리적 절차적 방해요소를 피하기 위해 체계적으로 수행하여야 한다. 한 시스템에서 다른 시스템으로 전환하는 것은 이전과 소급 전환을 수반한다. 이러한 과정은 모두 시간 소모적이고, 데이터가 시스템들 사이에 일관적이고 정확하게 전송된다는 것을 보장하기 위하여 시작하기 전에 철저한 계획을 요구한다. 시스템 및 사용자의 문서화는 기관차원의 기억을 보존하는데 중요한 구성요소이다.

특별히 주목할 것은, 새로운 자동화 시스템에 포함된 기록물뿐 아니라 보다 나은 시스템 관리를 위하여 메타데이터를 사용하는 것이다. 새로운 시스템에 대한 직원훈련과 오리엔테이션은 성공적인 실행에 주요한 요소이다. 적절한 훈련 프로그램이 새로운 시스템에 따라 수행된다면 많은 문제들을 예측할 수도 있다. 시스템평가는 어떤 자동화 프로그램에서도 주요한 구성요소이다. 이것은 현재의 시스템을 개발하는 것을 도울 뿐 아니라 다른 자동화 프로젝트를 위한 계획을 선도하는 미래의 평가에 사용될 데이터를 제공한다. 최종적으로, 실행 단계 및 그 이후에 기관차원의 지원을 유지하는 일은 자동화 프로그램의 지속적인 개발에 중요하다.

# 심화학습문제

1. 시스템을 설정하는 동안에 고려해야 하는 세 가지 중요한 것은 무엇인가?
2. 데이터 이전을 위한 한 가지 선택사양을 말하고 그것의 장점과 단점을 논의하라.
3. 소급 전환을 위한 세 가지 전략을 말하라.
4. 어떤 유형의 매뉴얼들이 ARMS의 사용과 관리를 지원하기 위하여 필요한가?
5. 사용자 매뉴얼에 필요한 세 가지 요소를 말하라.
6. 시스템 관리 매뉴얼에 필요한 세 가지 요소를 말하라.
7. 종합 평가의 목적은 무엇인가?
8. 형성 평가의 목적은 무엇인가?
9. 왜 기관차원의 지원이 중요한가?

# 연습: 조언

### 연습 11

여러분 계획은 컴퓨터 장비를 풀고, 설치할 위치를 정하고, 세팅하는 것이다. 장비가 설치될 충분한 공간을 확보하는 것이 중요하다. 작업공간이 먼저 정해져야 한다. 여러분은 기관대표와 컴퓨터 공급업자가 현장에 있어주길 원할 것이다. 대개 공급업자들이 장비 설치를 무료로 해 주게 되어 있지만 공급업자들이 그 일을 하도록 확실히 해 놓아야 한다. 장비공급업자들이 장비를 설치할 것이라든가 또는 그것이 무료일 것이라고 막연하게 가정하지 말라. 만일 시스템이 네트워크에 연결된다면, 누가 케이블을 연결하며, 컴퓨터 장비가 네트워크에 접속되고 올바르게 작동하는지를 확인하는 책임은 누구에게 있는가.

소프트웨어는 일단 그것이 설치되면 시스템에 구동시켜 보아야 할 것이다. 시스템 공급업자가 이것을 할 것이지만 여러분은 그 비용이 얼마 드는지 확실히 알아야 한다. 얼마나 많은 사용자들이 있느냐에 따라, 소프트웨어는 세팅하는 것이 매우 복잡해 질 수도 있다. 이것은 얼마나 걸릴까. 누가 그것을 시험할 것인가.

모든 시스템이 설치되면, 하드웨어와 소프트웨어가 정확하게 작동하는지 확인하기 위하여 전체를 철저히 시험해보는 것이 중요하다. 이것은 공급업자들과 기관의 대표가 수행하여야 한다. 이 연습에서 해야할 질문은 누가, 얼마나 오랫동안, 얼마의 비용으로 할 것인지 등이다.

### 연습 12

예를 들면, 만일 사용자 등록이 자동화되었다면 여러분은 시스템에 있는 필드들(이름, 제목, 부서 등)을 확인해야 하고 그것들을 새로운 시스템에 있는 적절한 필드로 배치해야 한다. 새로운 시스템에서 빠진 것이 있는가, 또 새로운 시스템이 이전 시스템보다 많은 필드를 가지고 있는가? 여러분은 여러분의 기존 시스템이 내보내기 기능을 갖고 있는지 그리고 있다면 수출 포맷의 선택이 있는지 발견할 필요가 있을 것이다. 만일 그렇다면 여러분은 새로운 시스템의 무슨 포맷이 데이터의 들여오기를 성공적으로 허락할 것인지 알 필요가 있다. 많은 소프트웨어 패키지는 자동 수입 기능을 갖고 있다.

만일 내보내기/들여오기 기능이 자동화되어 있지 않다면 여러분은 IT 전문가에게 여러분을 위한 특수한 프로그램을 짜도록 요청해야 할지도 모른다.

### 연습 13

예를 들어, 만일 여러분이 새로운 데이터베이스에 파일들에 대한 세부적인 사항들을 입력하고 있다면, 데이터베이스로 만들어지는 모든 새로운 파일들에 대한 세부사항을 여러분은 특정한 날로부터, 가령 그 달의 첫째 날부터 입력하기로 결정해야 할 지도 모른다. 처음 얼마 동안은 신규 시스템과 병행하여 기존 시스템을 사용하는 것이 아마도 현명할 것이다. 이것은 일이 많은 것처럼 보이지만 그렇게 하면 만일 여러분이 신규 시스템에 문제가 있을 때, 여러분은 대체 시스템을 가지는 것이기 때문이다.

일단 여러분이 시스템에 새로운 파일들에 대한 데이터를 입력하는 일에 만족한다면, 소급 전환 계획을 세울 수 있을 것이다. 여러분은 신규 자동화 시스템으로 파일에 대한 정보 입력에 얼마나 시간이 걸리는지 알 필요가 있다. 그리고 여러분은 한 시간에 얼마나 많은 파일들이 처리되는지를 알 것이다. 이런 지식으로 무장하면, 여러분의 모든 이전파일들에 대한 정보를 시스템에 입력하는데 얼마나 시간이 걸리는지 계산하는 것이 가능하다. 예를 들면, 여러분은 그것이 12달 걸린다고 계산할 수 있다. 이때 파일들에 대한 우선순위를 정할 필요가 있다. 예를 들면, 여러분은 마지막 6개월 이내에 사용한 파일들의 세부사항을 입력하기로 결정할지 모른다. 그것들이 처리되면, 여러분은 6개월 전과 12개월 전 사이에 사용한 파일에 대한 세부사항들을 입력할 수 있다. 대안으로, 여러분은 아라비아숫자 순이나 알파벳순으로 작업하면서 그들의 참조코드에 근거한 파일들의 세부사항들을 입력할 수 있다. 예를 들면 여러분은 만일 그것들이 2년 이상 된 것이라면, 그러한 파일들의 세부사항을 입력하지 않기로 결정을 할 수도 있다. 이런 것들에 대한 정보는 기존의 구형 시스템에서 유지될 것이다.

새로운 자동화 시스템이 잘 작동하고 백업이 정기적으로 이루어지는 것이 만족스러우면, 여러분은 예전의 구형 시스템 사용을 멈출 수 있다. 시스템을 다른 것들과 병렬하여 너무 오랫동안 작동하지 마라.

## 연습 14

여러분은 다음과 같은 현행 파일들을 위한 자동화 분류 시스템을 발견할 수 있다.

| 필드 | 기술적인 메타데이터 |
| --- | --- |
| 제목 | 그대로 문자로 표시 |
| 시리즈 | 통제된 시리즈 목록에 적힌 문자대로 표시 |
| 참조 | 알파벳과 숫자 : AAA/999/999/999 |
| 개방 날짜 | DD/MMM/YYY |
| 폐쇄 날짜 | DD/MMM/YYY |
| 부분 번호 | 2개의 숫자로 된 숫자 필드 : 01, 02, 03, etc |
| 키워드 | 통제된 주요 단어목록에 적힌 문자대로 표시 |

**연습 15**

기록관리기관은 컴퓨터 전문가를 보유할 수 있다. 그렇지 않으면, 도움을 받을 수 있는 민간 서비스(Civil Service)내에 특정 조직이 있는지 알아 보라. 여러분은 민간 부문으로부터 전문가를 찾아야만 할 것이다. 전산화에 대한 다양한 훈련을 제공할 수 있는 많은 회사들이 있다. 컴퓨터에 대한 지식이 있는 동료에게 추천할 만한 회사가 있는지 물어 보라.

**연습 16**

여러분은 항상 쉽게 측정될 수 있는 질문을 해야 한다. 평가 과정에서 여러분은 다음과 같은 질문을 할 것이다.

- 시스템이 사용하기에 쉬운가?
- 일정에 맞게 구축되고 있는가?
- 일정에 맞게 소급 전환이 이루어지고 있는가?
- 기록물 검색시간이 개선되었는가?

# 데이터 입력을 위한 표준 및 처리절차 개발하기

　데이터를 자동화된 기록물 관리시스템에 입력하기 전에, 표준화된 데이터 입력 형식, 데이터 입력을 위한 처리절차, 수용 가능한 내용들에 내한 시침 등을 포함하는 데이터 입력을 위한 표준을 개발하는 것이 중요하다. 표준과 규약을 규정하는 것은 프로그램을 통한 일관성을 보장하는데 도움이 될 것이다. 일관성은 또한 찾기 및 검색 등의 작동을 위해서도 필수적이다.

　이 과에서는 ARMS의 개발과 구축 그리고 데이터 입력 규칙의 생산에 필요한 세 가지 레벨의 표준에 대하여 논의한다.

- 데이터 구조 표준은 데이터베이스에 있는 기록물들과 각 기록물이 가지고 있는 필드들 사이의 내부관계구조뿐 아니라 데이터가 입력되는 전반적인 템플릿이나 도식을 결정한다.
- 데이터 내용 표준은 선택된 필드에 있는 어떤 데이터 요소의 선택과 형식을 결정한다.
- 데이터 가치 표준은 통제된 용어를 필요로 하는 선택된 필드에 데이터 입력 시 사용할 특정의 용어 자원을 규정한다.

　이들 세 가지 표준 단계의 가치와 목적을 개관하고, 사례를 든 후, 이러한 표준이 기록보존관리에서 작업을 표준화하기 위해 진행중인 국제적인 노력과 어떤 관련이 있는지에 대한 정보가 제공할 것이다. 또한, 데이터 입력을 위한 일반적인 규칙을 개관하고 이러한 규칙의 예들을 제공할 것이다. 일반적인 규칙은 데이터 입력과 미래의 정보 검색에서 일관성을 유지하기 위하여 중요하다.

# I. 표준 데이터 구조

> *데이터 구조*: 관련 정보조각들을 구조화하기 위한 도식. 구조의 기본적인 유형이 포함된다 : 파일, 목록, 배열, 기록물, 트리, 표 등. 이들 각각의 기본적인 구조는 많은 다양성을 갖고 데이터에서 달리 작동될 수 있게 해준다.

데이터 구조는 데이터베이스에 있는 기록물들을 위한 전반적인 디자인, 즉 어떤 뷰어(viewer)에 포함된 필드와 데이터 입력을 위한 필드 및 서브필드의 구성에 대하여 언급한다. 데이터 구조는 정보교환을 쉽게 하기 위해 통일적인 형식으로 나타내야 한다. 기록물 관리 소프트웨어와 같은 응용소프트웨어는 미리 구축된 데이터구조 또는 데이터가 입력될 일련의 필드를 가지고 있다. 그러나 데이터구조는 관계 데이터베이스에서부터 워드프로세스에 이르기까지 다양한 유형의 소프트웨어를 사용하여 실행될 수 있다. 물론, 기록관리기관은 데이터구조가 관계 데이터 베이스 내에 구현될 때, 찾기, 검색 그리고 보고서 작성에서 보다 많은 이점을 거둬들일 수 있다.

문서과나 자료관은 2과에서 약술한 필요조건을 만족시키기 위하여 많은 데이터구조를 개발할 필요가 있다. 어떤 특정 데이터구조에 있는 이러한 필드는 관계 데이터베이스에서 가능한 다양한 데이터 뷰어를 포함할 것이다. 이것도 2과에서 논의되었다. 요구되는 몇몇 데이터 구조는 기록물 시리즈를 위한 데이터 구조, 기록물 목록을 위한 데이터 구조, 자동 등록 데이터 구조를 위한 데이터 구조를 포함한다. 이들은 데이터구조에 대한 사례로서 아래에서 고려될 것이다.

> *기록관리기관은 많은 데이터 구조들을 개발할 필요가 있다.*

## 기록물 시리즈 데이터 구조

기록물 시리즈는 기록물에 대한 정리와 통제를 위한 일차적인 단계이다. 『현용기록: 생산과 관리(Organizing and Controlling Current Records)』에서 지적했듯이, 기록물 시리즈는 기능, 업무활동, 형식에 의해 연결된 기록물들 또는 공동 생산, 공동 수신, 공동 사용에서 생신 어떤 관계를 갖는 기록물들을 한데 모은다. 결과적으로, 기록물 시리즈에 대한 관리상의 정보와 기술상의 정보를 지원하기 위하여 개발된 데이터 구조는 중요한 데이터구조이다. 기록물 시리즈를 설명하는 데이터 구조의 필드는 다음과 같은 것들을 포함한다.

- 고유표시(identifier)
- 출처/생산 권한(部와 종속 부서)
- 제목
- 기술의 단계(이 경우에는 시리즈)
- 기록물이 포괄하고 있는 날짜
- 범위
- 물리적인 형대
- 기록물을 생산해낸 기능의 관리상의 이력 또는 기술(description)
- 내용 기록
- 색인 용어
- 위치
- 관련된 기록물 시리즈들에 대한 연결(이전 혹은 이후 시리즈)

## 자동 등록 데이터 구조

자동 응답 등록은 효과적이고 효율적인 수동 등록대장에 나타난 모든 데이터 필드를 포함할 것이다. 이러한 필드들은 :

- 고유표시
- 등록일
- 문서제목
- 내용표시
- 저자
- 송신자
- 수신자
- 물리적 형태
- 전송수단
- 관련된 기록물로의 연결

*등록에 관한 보다 많은 정보를 원하면 『현용기록: 생산과 관리(Organizing and Controlling Current Records)』를 보라.*

데이터 구조에 대한 이들 두 가지 사례로부터, 각 구조에 독자적인 데이터 필드와 중복적인 데이터 필드가 있다는 것을 알 수가 있다. 관계 데이터 베이스에서 중복 필드는 모든 뷰어에서 공유될 것이다. 다시 말하면, 어떤 핵심 데이터는 한 데이터 베이스 시스템 내에 있는 다른 기능들에 의해 공유된다.

이러한 방식으로, 각각의 기록물이나 시리즈에 대한 기본정보 즉, 출처, 날짜, 위치 등은 한번에 입력될 수 있고 그 다음 필요할 때 이용할 수 있다. 현재 모든 문서과와 자료관은 비록 사용된 형식이 이러한 방식으로 언급되지는 않더라도 데이터구조를 사용하고 있다. 자동화에 앞서, 모든 필요한 정보가 수집되고 자동화된 환경에서 새로운 데이터 구조의 생성을 알려주기 위하여 이러한 데이터 입력형식은 제 1과에서 설명된 업무 시스템 분석의 일부분으로서 신중하게 검토되어야 한다.

---

**[연습 17]**

기록물을 추적하는 과정에 대한 데이터 구조를 정의하라. 무슨 정보가 캡쳐되어야 합니까?

---

## 영구기록을 위해 설정된 데이터 구조들

### 일반적인 국제표준영구기록기술 - ISAD(G)

ICA(International Council on Archives)의 후원 하에 개발된 ISAD(G)로 알려진 일반적인 국제표준영구기록기술은 영구기록들의 데이터 구조 개발을 위한 지침을 제공한다. ISAD(G)는 영구보존 기록물에 관한 기술 정보를 관리하기 위해 완전한 데이터 구조를 형식화하는데 사용될 수 있는 다양한 데이터요소를 개관하고 있다. 더욱 중요한 것은 ISAD(G)는 영구보존 데이터 구조에서 특정한 데이터 요소와 최소한의 필드가 요구된다고 밝히고 있다. 이러한 필드들은

- 참조코드
- 제목
- 기술단위가 되는 자료의 생산일자(기술 단위는 아래의 기술 단계에서 결정될 것이다)
- 기술단계(예를 들면, 시리즈, 하위 시리즈, 파일, 아이템)
- 기술단위의 범위(자료의 형태 뿐 아니라 물리적인 범위; 예를 들면, 45 리니어 미터)

이러한 모든 요소들은 위의 기록물 시리즈 사례에서 나타나고 있다는 점에 주목하라.

게다가 ISAD(G)는 영구기록 기술에서 사용할 수 있는 선택적 요소의 긴 목록을 제공한다. 이들은 세 가지 영역으로 나눠진다 : 내용과 정황, 접근과 활용의 조건, 유사 자료들, 메모요소 이들을 개관하면 다음과 같다.

### 내용과 정황 영역

- 관리이력/전기적인 이력
- 기술(記述)단위의 축적 날짜
- 보관 이력
- 수집처(immediate source of acquisition)
- 법적 상태
- 평가, 폐기, 일정 정보
- 증가 기록물
- 정리 시스템
- 범위 및 내용의 메모와 요약
- 접근 및 활용 조건
- 언어
- 물리적 특성
- 접근 조건
- 재생산을 통제하는 저작권/기간
- 검색도구

### 유사 자료들

- 원본의 위치
- 복사본의 존재여부
- 기술의 관련 단위
- 관련 자료
- 출판 메모
- 메모 영역
- 메모

### 기계-판독가능 목록(MARC)

주로 미국에서, 영구보존 자료를 위한 데이터구조의 한 유형은 기계-판독가능 목록 형식이다. MARC는 무슨 정보가 어떤 순서에 의해 기록되는지 표준을 정하고 있다. MARC 형식은 영구보존 기록물에 대한 기술사항의 정보를 캡쳐하기 위하여 필드 및 서브필드의 구조를 정한다. MARC 형식에서, 필드는 수치적 태그로 지정될 뿐 아니라 이름이 붙여진다. 예를 들면, 태그 번호 110은 주요 기재사항 혹은 생산 부서 필드에 관한 것이다. MARC에 많은 필드가 있지만 최소한의 MARC 기록은 주요 기재사항, 제목, 자료의 날짜, 위치와 범위 등과 같은 소수의 필드만 필요하다.

MARC 형식 자체가 하나의 데이터 구조이다. 즉, 하드웨어가 아니라 운영 시스템이나 소프트웨어다. 그것은 다양한 소프트웨어 패키지와 다양한 하드웨어 구성으로 구축된다. MARC는 개인 컴퓨터나 네트워크에서 작동하는 데스크 탑 응용 소프트웨어로 통합된다. 그것은 특히 도서관 같은 대규모 문헌 시스템에서 운용한다. 그리고 그것은 문헌 네트워크에서 실행된다. 각 소프트웨어 패키지, 시스템, 네트워크는 MARC 형식을 다르게 구축한다. 그러므로 만일 한 기관이 영구기록 컬렉션을 설명하기 위해 MARC를 사용하기로 계획한다면, 어떤 형식의 시스템을 사용할 것인지를 숙고해야 한다. 시스템 형식은 아래에서 논의된 데이터 내용과 데이터 가치기준이 어떻게 사용되는지에 영향을 미칠 수 있다.

MARC는 영구보존 소장물에 관해 요약된 기술 정보를 캡쳐하기 위하여 사용된다. 그것은 온라인 포맷으로 전체 검색 도구를 재생산하기 위해 의도된 것은 아니다. 아래에서 논의된 Encoded Archival Description(EAD)은 온라인 상의 검색도구를 나타낸다. MARC 포맷에 나타나는 기록물의 간결한 기술은 영구보존기록 기술에서 지속적인 지위를 차지할 것이다. MARC 기록물은 연구자들이 소장물에 접근할 수 있는 좋은 접근점이고, 연구자가 보다 많은 정보를 원하는지 또 검색도구에서 소장물에 관한 보다 깊은 정보를 보기 위해 이동할 것인지 결정하는 것을 도와야만 한다. MARC 기록물은 또한 기록물 보관소들 사이에 영구보존 기록물에 대한 표준화된 데이터를 교환하는 좋은 수단이다.

| 필드번호 | 필드 이름 | 필드의 데이터내용 |
|---|---|---|
| 040 | 기록 생산 기관 | Erewhon National Archives |
| 110 | 생산부서 | 재무성(Treasury Department) |
| 245 | 제목 | 재무성 기록물, 1946-1989 |
| 351 | 정리 | 연대순 |
| 545 | 행정상의 이력 | 독립 후, 재무성은 예산 및 회계국으로 (Ministry of Budget and Accounting) 불렸고, 통화와 국가예산 관리통제를 위한 유한책임을 가졌다. 1960년 명칭이 현재의 재무성(Treasury Department)으로 바뀌었고, 그 기능은 조세의 규정을 포함하는 것으로 확대되었다. |
| 520 | 내용 | 기록물은 국가 세금의 규정을 포함하여 예산회계국의 초기 생성 및 작업에 관한 것과 재무성의 형성에 관한 것을 망라한다. |
| 610 | 추가적인 생산자 | 예산회계국 |
| 650 | 주제/색인 용어 | 예산 |

표 5 : MARC 기록물의 사례

# 데이터 내용 표준

데이터 내용 표준은 다양한 필드로 입력되는 데이터의 선택에 관한 의사결정 방법 혹은 정보가 형식화되는 방법을 통제하는 지침과 규칙들이다.

다음 사례를 고려하라.

국방성(Ministry of Defense)은 시간이 지나면서 몇 개의 이름으로 불리었다. 그것은 전쟁국 (Ministry of War; 1968-1972), 군사 작전국(Ministry of Military Operations ; 1972 - 1986)으로 불리다가 현재는 국방성(Ministry of Defense ; 1987 - 현재)이 되었다. 기록물들은 전쟁국 시기부터 자료관으로 이관되었다. 데이터 내용 표준화는 데이터 구조에 있는 주요입력사항/출처 필드가 기록물이 만들어졌던 그 당시 국(局)의 명칭을 사용할 것인지 아니면 현재의 명칭을 사용할 것인지 결정할 것이다.

예를 들면, 기관은 모든 주요 입력사항이 이전 명칭으로 돌아가 교차 참고를 통해 현재의 명칭이라는 것을 말해주는 데이터 내용 표준을 선택했을지도 모른다. 다른 기관은 그 당시에 사용했던 명칭들을 사용하여 주 입력을 했을지도 모른다. 연결은 둘 중 한 가지 방법으로 행해질 수 있지만 가장 좋은 방법은 부서의 가장 최근의 명칭을 데이터 베이스로 입력하고, 부서의 이름으로 알려진 이전의 명칭을 모두 참조로 달아놓는 것이다.

데이터 베이스 작동을 원활하게 하기 위해서, 데이터 내용 표준은 일관적으로 개발되고 적용되어야 한다. 자동화된 기록물 관리시스템에선, 문서과 직원이 데이터 내용 표준을 자주 공식화하고, 문서화하고 적용해야 한다. 이것은 시스템 실행 동안에 하나의 시행착오 과정으로서가 아니라 자동화에 앞서 행해져야 한다. 만일 자동화 동안에 행해지면, 품질 관리 작업은 매우 시간 소모적이 되며 데이터의 정비와 재 입력이 많아질 것이다.

위에 언급했듯이 ISAD(G)도 데이터 내용 표준 자료이다. ISAD(G)에 있는 각 기술적 요소에는 그것의 목적표시와 그 사용을 통제하는 규칙이 수반된다. 예를 들면, ISAD(G)에 있는 다섯 가지 명령 데이터 필드를 결정하는 규칙은 다음과 같다.

- 참조 코드
  규칙 : ISO 3166에 따른 국가코드를 기록하고 이어서 국립기록보존소 코드 표준에 따른 기록보존소 코드, 지역참조코드를 기록한다.
- 제목
  규칙 : a. 기술단위가 공식 제목을 가지고 있다면, 단어, 순서, 철자 등을 정확히 표기하라. 그러나 반드시 구두법이나 대문자에 따를 필요는 없다. b. 기술단위에서 만일 공식 제목이 나타나지 않는다면, 간단히 제목을 작성하라. 작성된 제목은 생산자의 이름과 기술단위를 구성하는 자료의 형태를 나타내는 용어, 그리고 적절한 위치, 기능을 반영하는 구문, 주제, 위치 등을 포함해야 한다. Erewhon National Archives에서 재무성 기록의 p.79의 사례는 후자의 규칙에 따른 것임을 보여준다.
- 기술(記述)단위가 되는 자료의 생산 날짜(기술단위는 아래 기술단계에 의해 결정될 것이다)
  규칙 : 기술단위가 되는 자료의 생산날짜를 날짜 혹은 적절한 날짜의 범위로 기입하라. 날짜의 범위는 항상 포괄적이어야 한다. 두드러진 날짜나 의미있는 갭 등을 기입하도록 선택할 수도 있다.
- 기술 단계(예를 들면, 시리즈, 서브–시리즈, 파일, 항목)
  규칙 : 기술단위의 단계를 기록하라.
- 기술단위의 범위(자료의 유형 뿐 아니라 물리적인 범위 ; 예를 들면 45리니어 미터)
  규칙 : 물리적 단위의 수를 아라비아 숫자로 써서 기술단위의 범위를 기록하고 그 단

위가 속하는 상위계층의 자료에 적절한 특수한 단위표시를 기록하라.

기록보존 환경에 사용된 데이터 내용 표준에 대해 개관한 출판물로는 Steven L. Hensen이 저술한 Archives, Personal Papers and Manuscripts ; APPM이 있는데 이것은 미국에서 사용된다. 이 책은 영구기록과 매뉴스크립트의 기술을 위한 Anglo-Amreican Cataloguing Rules의 제4장을 적용하고 있다.

캐나다의 캐나다아키비스트국(局)이 작성한 기록보존 기술을 위한 규칙은 Anglo-Amreican Cataloguing Rules과 ISAD(G)를 근거로 만들어 졌다.

Michael Cook과 Margaret Proctors가 저술한 기록보존기술 매뉴얼은 영국에서 사용된다. 그러나 앞의 두 개에 비해 설명이 부족하다.

---

**[연습 18]**

a) 등록부서에서 문서 수령자 이름, b) 시리즈 기술에 정부부처의 명칭을 위한 데이터 내용 표준을 설정해 보라.

---

## 2. 데이터 입력을 위한 표준

기록물과 영구기록의 수동 기술에서와 같이, 데이터 입력은 이미 정해진 표준들을 따라야 한다.

> *데이터 입력은 데이터가 효과적이고 일관성이 있도록*
> *미리 정해진 규칙과 지침을 따라야 한다.*

*기술과 표준에 관해 보다 많은 정보는 기록물의 『현용기록: 생산과 관리(Organizing and Controlling Records)』 및 『기록보존소의 기록관리(Managing Archives)』를 보라.*

## 데이터 가치 표준

데이터 가치 표준은 데이터베이스의 일정한 필드에서 실행되는 표준이다. 이 선택된 필드를 위하여, 데이터 가치 또는 색인용어는 지정된 시소러스 혹은 통제된 어휘 목록에서 선택되어야 한다. 데이터 가치 표준은 시소러스에 있는 목록화된 용어 혹은 통제된 어휘가 들어있는 데이터 베이스 안에서 필드에 적용한다.

시소러스 또는 통제된 어휘는 기술에 사용될 적절한 이름, 부서, 기관 또는 주제 용어 등의 인가된 형태를 목록으로 나타낸다.

> *시소러스( 복수형, thesuari)*: 동의어, 계층관계 및 다른 관계, 의존성을 보여주는 키워드들의 통제되고 구조화된 어휘.

이 어휘는 전문용어와 명칭의 발전과정을 보여주는 전거파일과 밀접하게 연결되어 움직인다. 출판되어 있는 시소러스를 이용할 수도 있고, 그렇지 않으면 기관 자체적으로 통제된 어휘를 개발할 수도 있다.

> *출판된 시소러스에 관한 보다 많은 정보에 관해서는『기록보존소의 기록관리(Managing Archives)』를 보라.*

## 전거통제

일관성과 정확성을 보장하기 위하여 기술 정보가 기관이 정한 표준과 규칙을 따라야 한다는 것을 모든 직원은 이해해야 한다. 전거통제 파일은 사람, 부서, 기관의 적절한 명칭에 대한 형식과 철자법을 설정하기 위해 만들어졌다.

> *전거통제*: 이름, 주제, 형식과 같은 특별한 접근 포인트의 선택에 대한 권한을 부여하고 검증하는 과정, 그리고 접근 포인트가 정보검색 시스템에서 일관성 있게 적용되는 것과 유지되는 것을 보장하는 과정.

전거파일은 또한 용어, 이름, 특히 한 조직 내의 부서나 사무실에 대한 명칭 사용의 발전 과정을 추적한다. 국방성의 경우를 생각해 보라. 기록물 관리직원은 부처의 현재 혹은 이전의 명칭을 사용하여 정보에 접근하기 위해 전거파일을 사용할 수 있다 : 전쟁국(Ministry of

War; 1968-1972), 군사 작전국(Ministry of Military Operations ; 1972-1986), 국방성(Ministry of Defense ; 1987-현재). 그러나 전거 기록은 후자를 '공식적인' 명칭으로 나타낼 것이다. 만일 직원이 이전의 명칭으로 접근했다면, 그것은 공식적인 명칭 쪽으로 회부될 것이다. 전거파일은 또 공식적인 표제를 설정하기 전에 발생했던 연구와 의사결정을 기록으로 남긴다. 아래의 표는 전거통제의 예이다.

## 2. 정보 영역

*목적 :*

전거 기재사항에 명명된 법인체, 사람 혹은 가족을 기술하기 위하여.

*규칙 :*

국내 및 국제적인 관례나 기록물 생산기관이 사용하는 규칙에 따라, 아래 정해진 바대로 타당한 정보를 기록할 것,

### 2.1 법인체

2.1.1 법적 번호

법적 번호(예를 들면, 기업 등록 번호)가 공적기관에 의해 할당되는 국가에서 법인체를 확인하기 위해 사용되는 공식적인 번호

2.1.2 명칭

전거기재에서 사용되는 것 이외에, 알려져 있는 법인체의 명칭 a) 같은 이름의 다른 형식 b) 다른 이름, 예를 들면, 시간에 따른 이름의 변화.

*사례*

(a) 역사적 필사본 위원회(Historical Manuscripts Commission)

(영국에서는 Royal Commission on Historical Manuscripts로 기재 )

Clothworker's Company

(영국에서는 Worshipful Company of Clothworkers로 기재)

(b) 국립 기록보존소(Archives nationales ; 1790-1800)

제국 기록보존소(Archives imperiales ; 1800-1814)

왕립 기록보존소(Archives royales ; 1815-1848)

제국 기록보존소(Archives imperiales ; 1850-1870)

(프랑스에선 Archives nationales 라고 기입)

### 2.2 사람

2.2.1 (사용되지 않음)

2.2.2 이름

전거기재에 사용되는 이외에 알려져 있는 사람의 명칭은 a) 같은 이름의 다른 형식 b) 다른 이름들, 예를 들면 아호, 여성의 결혼 전의 성 등을 포함한 시간이 지남에 따른 이름의 변화. 이름, 대명사, 이름 뒤의 칭호 예를 들면, 귀족의 칭호 혹은 각하의 칭호

*사례*

(a) Shakespear, Shakspere

 (영국에선 Shakespeare, William 이라 기입)

(b) Mary Wollstonecraft Godwin.... (영국에선 Wollstonecraft, Mary 라고 기입)

(c) first Duke of Wellington (영국에선 Wellesley, Arthur (1769-1852))


## 그림 6 : 전거통제의 예

*ICA로부터 허가를 얻어 사용하는 ISAAR(CPF) 웹사이트에서 발췌*
*일반적인 데이터 입력 규칙과 표준*

이 과에서 강조되었듯이, 자동화시스템의 효율성은 일관성에 달려있다. 다음은 설정하는 데 필요한 일반적인 내용 입력 규칙의 유형이다.

### 회사, 기관 그리고 정부 부처 명칭

이를테면, Petro-Canada, Dickens International Limited or International Monetary Fund처럼 회사나 기관명칭은 법적으로 등록되어 있는 대로 정확히 입력되어야 한다.

### 도량

도량에서도 일관성이 중요하다. 기록물은 이를테면, 선형 피트 혹은 입방 피트와 같은 표준적인 치수를 사용하여 일관성 있게 측정되어야 한다. 상자나 파일 보관함에 의한 측정도 부정확하다. 왜냐하면 파일 보관함이나 상자들이 크기가 서로 다르기 때문이다. 정확하고 일관성 있는 도량은 수동 기술시스템에서 뿐 아니라 특히 자동화된 데이터 베이스에서 더 중요하다. 만일 요소들이 표준으로 입력되지 않으면 검색이 불가능할 수도 있다.

### 약어

약어의 표준세트를 사용해야 한다. 몇몇 기관은 자동화된 시스템을 위하여 예를 들면 US Library of Congress(미 의회 도서관) 같은 약어목록을 승인했다.

### 대문자 사용

대문자 사용을 위한 일관성 있는 규칙이 정해져야 한다. 예를 들면, 어떻게 시리즈 제목을 표현할 것인가? 각 단어를 대문자로 할 것인가 아니면 단지 첫 글자만 대문자로 할 것인가?

### 기호와 상징

만일 기호와 상징이 사용된다면 그것들은 일관성 있게 그리고 똑같은 방식으로 사용되어야 한다. 예를 들면, 퍼센트 기호는 '%' 혹은 'percent' 혹은 'per cent' 중 하나를 택하여 일관성 있게 표시하여야 한다.

### 철자

규칙은 이를테면, 용어를 제공하기 위해 사용되는 영어 및 기타 언어 사전, 그리고 문체 및 어법편람처럼 권위있는 것을 전문참고서적으로 설정해야 한다. 옥스포드나 웹스터 영어 사전과 같은 특수한 사전을 선택함으로써 문제가 될 만한 단어들의 철지를 일관성 있게 맞추는 것이 필수적이다.

### 날짜

날짜가 시스템에 입력되는 방법을 결정하라.

- 년도(years) - 1992
- 회계 연도(fiscal years) - 1992/93
- 날짜(dates) - July 30, 1992

### 지리적인 위치

특정의 위치가 몇 개의 서로 다른 명칭으로 불릴 수 있다. 이것을 어떻게 다룰 것인지, 또 그 결정을 어떻게 문서화 할 것인지 결정하라. 기관은 지리적인 명칭을 위해 권위 있는 소스로서 특수한 소스를 선택하고 싶어할 것이다. 그리고 나서 각각의 지리적인 실체에 대한 지리적인 명칭의 형식을 결정할 필요는 없다. 그러나 장소나 지리적인 특징(호수, 강, 등등)을 나타내는 소스는 형식으로 사용될 것이다.

### 두(頭)문자어

전체 제목을 적고 나서 공식적으로 인정된 약어 의한 전체 제목을 적는다. 이를테면 North Atlantic Treaty Organization(NATO).

### 숫자

숫자들은 철자로 할 것인가 실제 숫자로 할 것인가? 한 필드 내에서 하나의 방법으로 일관성 있게 사용되어야 한다. 예를 들면, 확장 필드 내에서나, 혹은 만일 그것이 주소를 위한 것이라면, 실제 숫자 이를테면 356을 쓰는 것이 바람직할 것이다. 시리즈가 관련되어 있는 활동에 관한 역사적인 주석에서는 숫자를 철자화 하는 것은 더 나을 것이다. 이를테면, 예산 회계부처의 기능은 세법에서 변화가 있을 때까지 십오년 동안 동일했다.

# 3. SGML 또는 HTML?

Standardized General Mark-up Language(SGML)과 Hypertext Mark-up Language( HTML)는 모두 인터넷 환경에서 기록물과 관련된 데이터를 교환하는데 사용될 수 있다. 그러나, SGML이 훨씬 강력하다. SGML은 네트워크 환경에서 보다 상세한 검색 능력을 제공할 뿐 아니라 복잡한 데이터 구조와 관계를 표현할 수 있다.

HTML이 SGML 문서 형 정의(DTD)이긴 하지만, 다른 DTD가 보다 많은 데이터 구조를 제공하고 요소들 사이에 가치를 설계하고 관계를 설정하는 반면에, 그것은 주로 데이터 포맷팅을 위해 설계되었다. 예를 들면, 페이지 제목이 HTML로 지정될 수는 있지만, 그것은 주로 bold, center, italics 같은 포맷팅 기능을 설계하는데 사용된다. HTML은 비교적 배우기에 쉽고 기호화하는 규칙과 표준이 적기 때문에 대중적이다. 이것은 다른 많은 SGML DTD와는 다르다.

그러나 다른 SGML DTD는 문자를 포맷하는 것 이상의 기능을 한다. 개인, 기업 그리고 지리적인 명칭 등을 지정하거나 분리하여 하나의 카테고리 혹은 모든 카테고리에서 검색이 가능하다. HTML에서는 하나의 문서 전체가 검색된다. 예를 들면, 만일 우리가 HTML과 SGML에서 태그화 된 같은 문서에서 문화부(Ministry of Culture)를 검색했다면, 우리는 즉시 다양한 검색결과를 얻을 것이다. HTML에서는 Ministry가 관계가 있건 없건 간에 'culture' 란 단어의 모든 사례가 검색될 것이다. SGML에서는 'culture' 란 용어가 포함된 기관의 이름을 검색할 수 있다. SGML 검색 결과는 Ministry of Culture와 같은 기관의 이름만 나타낼 것이다. 또한 SGML은 데이터와 데이터요소간의 계층적 관계 및 기타 관계들 그리고 유전성을 제공한다. 결과적으로, 데이터구조의 생성과 데이터내용의 응용 그리고 데이터 가치 표준은 SGML DTD를 사용하는 기록물에서의 데이터 교환에 매우 중요하다.

## Encoded Archival Description(EAD)

EAD는 영구기록 검색도구에서 정보를 코드화하기 위한 SGML DTD이다. EAD는 종종 퐁(fonds)의 부분들이나 기록물 시리즈들 간의 관계를 반영하는 검색도구에서 요소들간의 위계적인 관계를 유지한다. EAD 기록은 두 가지 유형의 정보를 포함한다 ; 검색도구 자체에 대한 정보(이를테면, 생산자, 생산일) 그리고 검색도구에 기술된 영구기록에 대한 정보. 다음은 Greene Country, PA의 기록물을 기술한 검색도구로부터 발췌한 사례이다.

```
<!DOCTYPE ead PUBLIC " -//Society of American Archives//DTD ead.dtd Encoded
Archival Description (EAD) Version 1.0)//EN"> <ead audience="external"><!···Revised
template 4/28/1999···><eadheader audience="internal">

<eadid>US-QQS-MSS#97</eadid><fileesc><titlestmt><titleproper>Guide to the
Records of Greene Country(Pa.), <date>1785-1877</date></titleproper>

<sponsor>This finding aid has been encoded as a part of the Historic Pittsburgh project
a joint effort of the University of Pittsburgh and Historical Society of Western
Pennsylvania. Funding for this portion of the project has been donated by the Hillman
Foundation.</sponsor></titlemt>

<publicationstmt><publisher><Digital Research Library, University Library
System></publisher><publisher>Historical Society of Western
Pennsylvania</publesher>

<adress><adressline>Senator John Heinz Pittsburgh Regional History
Cenetr</addressline>

<adressline>1212 Smallman Street</addressline><addressline>Pittsburgh, PA
15222</adresssline><adressline>drl-uls+@pitt.edu</adressline></address>

<date>Fall, 1999</date></publicationstmt></filedesc>

<profiledesc><creation>Encoded by : Lisa Sheets on<date normal = "19990910"

 type = "encoder">September 10, 1999 </date> from an existing finding
aid.<lb>Reviewed by Curator on <date normal = "type" =
"reviewer"></date></creation></profiledesc></eadheader>

<frontmatter><titlepage><publisher>Historical Society of Westerm
Pennsylvania</publisher>

<adress><adressline>Senator John Heinze Pittsburgh Regional History
Center</adressline>

<addressline>1212 Smallman Street </addressline>

<addressline>Pittsburgh, PA 15222 </addressline>
```

표 7 : EAD로 표시된 검색도구
Courtesy of the University of Pittsburgh, Digital Resources Library

```
<adressline>library@hswp.org</adressline></adress>

<titleproper>Guide to the Records of Greene County(Pa), <date>1785-1877
</date></titleproper><subtitle>MSS#97</subtitle><p>This guide to the collection
was originally prepared by : Jessica Broadwell on<date>July 7, 1994</date>. Revisions
occured to the finding aid as a part of the encoding process in<date>Fall,
1999</date></p></titlepage></frontmatter>

<archdesc level = "collection"><did><unitid repositorycode = "QQS" countrycode =
"US" type = "collection">MSS#97</unitid><unittitle label = "collection">Collection
of Records from Greene Country(Pa.), <unitdate normal = "17850000 - 18770000" type
= "inclusive" label = "collection">1785 - 1877</unitdate><unittitle>

<origination label = "collector" audience = "external">Greene
Country</origination><physdesc label = "collection"><extent unit = "linear
feet">1.5</extent>(2 Boxes)</physdesc>

<repository><corpname>Historical Society of Western
Pennsylvania</corpname><corpname>Senator John Heinz Pittsburgh Regional History
Center</corpname><address><addressline>1212 Smallman Street</adressline>

<addressline>Pittsburgh, PA
15222</addressline><addressline>library@hswp.org</addressline></adress></reposit
ory>

<abstract>Greene Country, Pennsylvania 는 주의 남서쪽에 위치해 있고 1796년에 워싱
턴 카운티에서 제외되었다. 이 기록은 법적 조치 문서, 법정 의사록과 채권, 편지, 유
언장, 영수증, 지폐, 부동산 문서, 선거 용지, 세금 기록, 그리고 다른 잡다한 항목들을
포함한다. 치안판사, 허가된 술집 소유주, 선거에 의해 뽑힌 공무원 등은 이 기록에
등장하는 공인들의 이름의 예이다. 기록은 18세기말과 19세기전반의 법정의 운용을
분명하게 기록하고 있다.</absract></did>

<admininfo>

<acqinfo audience = "external"><p>These items came in one accession.</p><p>Acc#
1935x Purchase from David K. Webb(Records)</p></acqinfo><accessrestrict><p>This
collection is open for research.</p></accessrestrict>
```

**그림 7 : EAD로 만들어진 검색도구(계속)**
Courtesy of the University of Pittsburgh, Digital Resources Library

&lt;userestrict&gt;&lt;p&gt;소유권은 서부 Pennsylvania의 역사협회에 있다. 저작권은 기록의 생산자 및 그 후계자가 계속 보유하고 있다. 재생산이나 출판을 허가받기를 원하면 기록보존소의 관리자와 접촉하시오. &lt;/p&gt;&lt;/userestrict&gt;

&lt;processinfo&gt;&lt;p&gt;이 소장품은 처리된다.&lt;name role = "processor"&gt;Jessica Broadwell에 의해&lt;/name&gt;에&lt;date normal = "19940707" type = "processed"&gt;1994년 7월 7일&lt;/date&gt;&lt;/p&gt;

&lt;p&gt;Revision and rearrangement for th encoded version of the finding aid provided by&lt;name role = "revision"&gt;Lisa Sheets &lt;/name&gt;on &lt;date normal = "19990910" type = "revision"&gt;September 10, 1999&lt;/date&gt;&lt;/p&gt;&lt;/processinfo&gt;&lt;/admininfo&gt;

&lt;bioghist&gt;&lt;head&gt;History of Greene County, Pennsylvania&lt;/head&gt;

&lt;p&gt;Greene County, Pennsylvania는 주의 남서쪽에 위치해 있고 군(county)소재지 워싱턴에서 Pennsylvania가 너무 북쪽에 위치해 있다고 사람들이 불평한 결과 1796년에 Washington County에서 제외되었다. 이전에 Green County를 구성했던 땅은 Westmoreland, Bedford, Cumberland 와 Lancaster 군의 일부였다. 그 땅은 또한 서부 경계에 관하여 Virginia와 Pennsylvania 간에 분쟁 중이던 땅의 부분이었다. 이 분쟁은 1783년에 Mason-Dixon Line이 만들어지면서 해결되었다. 초기 정착은 식민 개척자에 관한 주요 원주민 전쟁의 말엽인 1764년까지 거슬러 올라간다. Green County라는 이름은 Rhode Island State Militia와 혁명전쟁동안 대륙군대를 위해 근무했던 Nathaniel Greene 장군에 의해 지어졌다. Green County는 원래 다섯 개 지구를 가지고 있다 : Greene, Cumberland, Franklin, Morgan, Richhill. 그 직후, Aleppo, Centre, Cumberland, Dunkard, Franklin, Gilmore, Greene, Jackson, Jefferson, Monongahela, Morgan, Morris, Perry, Richhill, Springhill, Wayne, Washington, Whiteley의 18개 지구로 증가했다.&lt;/p&gt;

&lt;p&gt; 1796년과 1832년 사이의 많은 기록물에 법정의 제1서기관, 제2서기관인 John Boreman과 William T.Hays, 등록부, 수석서기, 기록자의 이름이 등장한다. &lt;/p&gt;&lt;/bioghist&gt;

**그림 7 : EAD로 만들어진 검색도구(계속)**
Courtesy of the University of Pittsburgh, Digital Resources Library

<scopecontent><head>범위와 내용</head><p>Green County 기록들은 법적조치 문서, 법정 의사록, 채권, 편지, 유언장, 영수증, 지폐, 부동산 문서, 선거 용지, 세금 기록, 그리고 다른 잡다한 항목들을 포함한다. 많은 기록들이 재판, 법정 의사결정, 부동산과 재정적인 물자, 공공기관, 선거, 임명, 세금과 관련된 법적 문서이다. 기록들은 18세기 말과 대부분의 19세기에서의 법정의 수행을 명백히 문서화한다. 이익은 개인적인 법정 사건과 특수한 법적 문제들의 조정을 문서화한다. 이러한 법적 기록들의 통제된 실험을 통해, 연구자들이 Greene County의 상업적이고 사회적인 생활의 다른 면들에 관한 정보를 발견할 것이다.</p><scopecontest>

<arrangement><p>Greene County(Pa.)기록들은 두 보존 상자에 있고 네 가지 시리즈로 정렬된다. </p></arranegement>

<controlaccess><head>통제된 집근 용어</head><p>이러한 기록들은 Western Pennsylvania 목록의 역사적 사회에서 다음과 같은 용어 하에 색인된다. 관련된 데이터를 발견하기를 바라는 연구자들은 이러한 용어 하에서 검색하기를 원할 것이다.</p>

<controlaccess><head>주제</head>

<subject encodinganalog = "650" source = "lcsh">법정… 공무원 그리고 고용자들</subject>

<subject encodinganalog = "650" source = "lcsh">법정 … Pennsylvania … Green County.</subject>

<subject encodinganalog = "650" source = "lcsh">범죄공판직원 … Pennsylvania … Green County.</subject>

<subject encodinganalog = "650" source = "lcsh">교육 … Pennsylvania … Green County.</subject>

<controlaccess><head>법인 명칭</head>

<corpname encodinganalog = "710">미국 … 군대 … Pennsylvania 시민군 … 122 연대</corpname>

<corpname encodinganalog = "710">Waynesburg Union Society(Pa.)</corpname><corpname encodinganalog = "710">Butler Academy(Green County, Pa.)</corpname></controlaccess>

**그림 7 : EAD로 표시된 검색도구(계속)**
Courtesy of the University of Pittsburgh, Digital Resources Library

제4과 데이터 입력을 위한 표준 및 처리절차 개발하기

```
<controlaccess><head>개인 이름</head>

<persname encodinganalog = "700">Boreman, John</persname>

<persname encodinganalog = "700">Hays, William</persname></controlaccess>

<controlaccess><head>위치</head>

<geoname encodinganalog = "651" source = "lcsh">Green County(Pa.) …
가계.</geogname><geogname encodinganalog = "651">source = "lcsh">미국 …
역사 … 혁명, 1775 - 1783 …
퇴역군인.</geogname></controlaccess></controlaccess>

<dsc type = "combined"><c01 level = "series">

<did><untid type = "series">I</unitid><unittitle>Trial Documents<unitdate type
= "inclusive">1797 - 1877</unitdate></unittitle></did>

<scopecontent><head>Scope and Content Notes</head><p>공판 문서는 폴더 제목
의 알파벳순으로 정리되며 여기에는 법정 대장(books)과 낱장 법정문서들이 포함된
다. 법정 대장은 법정이 취한 조치에 대한 기록으로 매우 읽기 쉽다. 법정 의사록과
채권 문서는 법정의 판결결과로 소유하게 된 돈이나 기타 소유자를 기록해 놓은 것으
로 이 기록물도 여기에 포함된다. 법정 재판에 대한 변호사의 기록(notes), 몇몇 기재
되지 않은 서식이 날짜가 적히지 않은 자료들과 함께 발견된다. 또 1828-1830의 회계
원보고, 1831-1860의 보안관 일지, 1804-1817의 소송명부, 그리고 이 모든 것에 대해
그 군에서 이루어진 기타 법적 활동문서들이 공판 문서와 함께 포함되어 있다.</p>

</scopecontent>

<c02 level = "file"><did><untitle>Court Books</unittitle></did>

<c03 level = "file"><did><container parent = "mss97.b1" type =
"folder">1</container><unittitle><unitdate type =
"inclusive">1801 - 1804</unitdate></unittitle></did></c03>

<c03 level = "file"><did><container parent = "mss97.b1" type =
"folder">2</container><unittitle><unitdate type =
"inclusive">1805 - 1811</unitdate></unittitle></did></c02></c03></dsc></arc
hdesc></ead>
```

그림 7 : EAD로 만들어진 검색도구(계속)
Courtesy of the University of Pittsburgh, Digital Resources Library

# 4. 문서화

규정된 모든 표준들은 특정 데이터 입력 매뉴얼 혹은 데이터 관리 매뉴얼에 기록되어야 한다. 이러한 매뉴얼들은 이전 장에서 논의되었던 시스템 관리 및 사용자 매뉴얼에 추가되어야 할 것이고 사람들이 컴퓨터에 데이터를 입력하는 사람들 뿐 아니라 자동화된 데이터의 사용자도 사용할 수 있도록 할 필요가 있을 것이다. 그렇게 하면 그들이 자동화된 시스템에서 정보가 어떻게 유지되는지 알게 될 것이다. 특히, 다음의 정보는 데이터 입력 매뉴얼에 포함되어야 한다.

- 전거통제를 유지하는 절차
- 다양한 필드의 데이터내용 선택과 형성을 위한 절차
- 다양한 필드에서 정보와 데이터의 표준화를 위한 규칙과 절차
- 기관명, 정부부처명, 개인의 이름
- 도량
- 약어
- 대문자
- 기호와 상징
- 철자
- 날짜
- 지리적인 위치
- 유사어
- 숫자

> *모든 표준은 특정 매뉴얼에 기록되어야 한다.*

# 요약

이 과에서는 자동화된 시스템 내에서 데이터 구조, 데이터 내용, 데이터 가치 표준의 중요성에 대해 논의했다. 또 데이터 베이스 환경에서 수치와 문자데이터의 입력을 위한 일반적인 규칙에 대해서도 많은 논의를 했다. 이러한 것들은 정확하고 일관성 있는 데이터 입력을 보장하는 기본적인 요소이다. 이러한 것들이 없다면 어떤 자동화된 시스템도 효율적인 사용이 불가능할 것이다. 탐색이 어렵고 검색결과도 쓸모없는 것이 될 것이다.

이 과에서 표준과 규칙을 위한 몇몇 외부적인 소스가 언급되었지만, 많은 내부 규칙들이 개발되어야 하며 일관성 있게 적용되어야 한다. 이 과에서는 또 SGML 표준과 이를테면, HTML 이나 EAD 같은 WWW를 통한 기술적인 정보를 교환하는 몇몇 관련 방법도 재고해 보았다. 이 과에서는 이러한 규칙들은 성문화되어야 하며 직원들의 사용을 위한 매뉴얼로 문서화되어야 할 것을 제안한다.

# 심화학습문제

1. 데이터 구조는 무엇인가?
2. 데이터 내용 표준의 사례를 들어라.
3. 데이터 가치 표준의 사례를 들어라.
4. 데이터 내용과 데이터 표준이 데이터 베이스 작동에 어떤 영향을 미치는가?
5. HTML과 SGML의 차이점은 무엇인가?
6. 데이터 내용과 데이터 가치 표준은 HTML에서 중요한가 또는 SGML에서 중요한가?
7. 직원 구성원들이 데이터 내용과 데이터 가치 표준의 응용하도록 하기 위하여 개발되어야할 필요가 있는 문서화의 유형은 무엇인가?

# 연습: 조언

## 연습 17

기록을 추적하기 위한 데이터 구조 :

- 고유표시
- 파일의 제목
- 참조코드
- 문서관 위치
- 원래 사용자의 이름
- 검색날짜
- 다른 사용자로 전송한 날짜
- 추가 사용자의 이름
- 반환날짜

## 연습 18

예를 들면, 이러한 것들은 다음과 같은 경우에 사용하기로 결정할 수 있는 규칙들이다.

- 등록부서의 문서 수령인의 이름
  규칙 : 성, 이름 이니셜(예를 들면, Smith, William B)
- 시리즈 기술에서 정부부처명
  규칙 : 이전 제목을 대조참조하여 그 부처에 대해 현재 쓰고 있는 공식적인 명칭을 사용하라.

# 디지털화

5과는 디지털화에 포함된 몇몇 문제들과 절차들을 검토한다. 다음과 같은 것들이 포함된다.

- 보존방법으로서의 디지털화
- 디지털화를 위한 선택
- 디지털화 생산 과정
- 디지털화의 아웃소싱

> *자동화가 기관의 정보관리 문제를 모두 해결하지는 않을 것이다.*

자동화에 의해 생긴 큰 이점에도 불구하고, 거기에는 많은 단점과 우려들이 있다. 우려들 중에 한 부분이 특히 디지털화이다.

---

***디지털화*** : 문자나 영상을 2진수로 변환시키는 것

---

디지털화 과정에서는 두 가지 유형의 결과가 나올 수 있다. 문서의 영상 혹은 기능상 완전한 전자 기록물이 그것이다. 단순히 아날로그 형식을 스캐닝하는 것은 소스문서의 디지털영상 즉, 본질적으로 전자사진을 생산하는 것이다. 그러나 경우에 따라서 광학적인 문자인식은 본래 컴퓨터를 사용한 워드프로세서에 의해 작성된 문서처럼 정확하게 보이는 전자기록물을 생성하는 디지털 이미지에 적용될 수 있다. 이러한 두 가지 결과들은 시간 소모적이고 노동 집약적인 활동을 필요로 한다. 디지털화가 미래에 많은 이점들을 제공하는 반면, 디지털 이미지 또는 전자기록물의 생산과 관련된 잠재적인 문제들을 고려하는 것이 중요하다.

디지털화에는 접근과 보존이라는 두 가지 목적이 있다. 이것들은 협동적으로 또는 개별적으로 행해질 수 있다. 이러한 선택은 이를테면 수집된 메타데이터, 해상도 조건, 파일 포맷,

그리고 캡처된 이미지를 위한 저장장치의 선택 등과 같은 디지털화의 모든 과정에 영향을 미칠 수 있기 때문에 중요하다. 디지털화는 LAN, WAN 혹은 Internet에서 전자적으로 교환될 수 있거나 혹은 처리될 수 있는 대체물을 만듦으로써 기록물에 대한 접근을 증가시킨다. 그것은 또한 망가지기 쉬운 종이기록물의 사용을 줄이는 수단이 될 수 있고, 따라서 종이기록물에 대한 전반적인 보존 계획에서의 중요요소가 될 수 있다. 그러나, 현재 디지털화하는 것, 그리고 원문서를 하나의 전자적인 대체물로 바꾸는 것이 보존을 위한 수단이며, 또 그것이 영원히 보존수단으로 가능할 것인지에 대해 실질적으로 논쟁이 일고 있다.

## 보존 방법으로서의 디지털화

보존수단으로서 디지털화에 완전히 의존하는 방법에는 몇 가지 장애물이 있다. 첫째, 디지털화된 이미지의 저장과 디스플레이를 위한 표준화된 형식이 거의 없다는 것이다. 사실, 현재 디지털화는 디지털 마스터 본을 하나의 포맷으로 저장해야 하고, 네트워크화된 정보교환에 더 적합한 다른 포맷으로 대상물을 디스플레이 해야 한다. 디지털 영상 파일 포맷은 각 디지털 이미지 및 이미지 데이터에 관한 정보를 담는 구조화된 보관함이다. 디지털 이미지 파일에서 발견되는 정보는 이름, 폭, 길이, 해상도, 압축 방법 등을 포함하지만, 이들로 제한되어 있지는 않다.

컴퓨터는 디지털 이미지를 디스플레이하기 위하여 이러한 정보를 요구한다. 비-독점적인 이미지 파일 포맷은 업그레이드나 변경 시 서로 다른 시스템 사이에 디지털 이미지를 성공적으로 전송하는 능력을 보장한다. 미국국립표준협회(American National Standards Institute ; ANSI)와 정보이미지관리협회(Association for Information and Image Management ; AIIM)는 표준권장실행지침을 개발하였다. 즉, 이미지 저장과 교환을 위한 파일 포맷－이단계 이미지파일포맷(Bi-Level Image File Format) : Part 1(MS53 - 1993)이 그것이다. 하나의 표준이 존재함에도 불구하고, 전산업계에 통용되는 영상 포맷 기준으로 인정되지 않았다. 많은 디지털 이미지 시스템은 Tagged Image File Format(TIFF)을 사용한다. 그러나 다양한 TIFF 버전이 존재하여 TIFF 이미지가 한 시스템에서 다른 시스템으로 이음매가 없이 전송될 수 있다는 것을 보장할 수 없다.

둘째, 이미지 캡처와 저장을 위해 사용되는 대부분의 소프트웨어와 장치들은 독점적이다. 이것은 그러한 시스템을 사용하여 만들어진 데이터들에 대한 미래에 있을 이전(migration)이 디지털화된 정보를 읽을 수 있는 상업 소프트웨어 패키지의 이용 가능성에 달려 있다는 것을 의미한다. 셋째, 최첨단 스캐닝을 위한 장비와 소프트웨어 시장은 유동적이다. 장비는 빠르게 발전하고 많은 회사들이 유용하지 못한 제품을 만들어 시장으로 들어오기도 하고 나가기도 한다.

넷째, 손으로 쓴 문서(혹은 손으로 쓴 문서를 기록물로 타이프 한), 잉크와 종이의 대비도가 낮은 가진 문서, 물리적으로 커다란 자료와 같이 특정한 형태의 기록물을 스캐닝 하는 것은 매우 어렵다. 만일 이러한 유형의 데이터들이 명료하게 디스플레이 된다면 상당한 양의 이미지 향상 및 조작이 필요하다. 이것은 기록물의 진본성을 위험에 빠지게 할 뿐만 아니라 디지털화 비용이 상당히 많이 든다.

마지막으로, 종이(아날로그) 형식에서 전자(디지털) 형식으로 옮길 때 기록물의 정황과 구조를 재구성하는 일은 어렵고 시간 소모적이다. 특히, 기록물의 진본성과 신뢰성이 이와 같은 올바른 정보를 얻는 것에 의존할 때 더욱 그러하다. 이러한 점에서 볼 때 디지털화하는 과정에서 이미지의 진본성과 신뢰성을 유지하는 것은 매우 어려우므로 공식적, 법적 증거로서 원문서는 보관되어야 한다.

디지털화 프로젝트는 주의 깊은 계획, 환경 분석, 목적 설정, 디지털 이미지 또는 전자 기록물의 생성에 따른 잠재적인 문제들의 이해를 요구한다. 전산화와 연결성 그리고 직원의 전문성에 대한 현재의 수준이 디지털화 프로젝트를 지원할 수 있는지 여부를 결정하기 위해 현재의 컴퓨터와 네트워크 기반시설에 대한 조사가 특히 중요하다.

디지털화는 또 공급업자를 다루는 것을 포함한다. 공급업자들은 디지털화 프로젝트 장비를 공급할 수 있고 또 스캐닝 과정을 아웃소싱 하는데 이용될 수도 있다. 사실, 유럽과 미국에 있는 많은 도서관과 기록보존소들은 디지털화를 실제적인 작업은 아시아, 카리브, 라틴 아메리카, 아프리카 등에서 하는 공급업자들에게 아웃소싱 한다.

> *성공적인 디지털화에는 많은 장애물들이 있다. 그리고 그것은*
> *어떤 프로젝트가 실행되기 전에*
> *주의 깊게 고려되어야하는 과정이다.*

*다른 보존 방법에 관한 정보를 원하면 『기록물보존(Preserving Records and Archives)』을 보라.*

### [연습 19]

여러분의 기관에 디지털화 프로젝트가 존재하는지, 또는 그것을 계획하고 있는지 알아보라. 그것이 도입되는 이유는 무엇인가?

# 디지털화 선택

디지털화 할 자료를 선택하는 것은 어떤 리포맷팅 프로젝트의 성공에 있어서도 중요하다. 선택기준은 프로젝트를 진행하는 동안에도 변한다. 게다가, 기록물 관리직원, 기록물 관리자, 아키비스트 등은 리포맷팅 프로젝트(마이크로그래픽 혹은 디지털화)를 위한 데이터 선택의 우선순위를 명확히 하는데 전통적으로 매우 서툴렀다. 그럼에도 불구하고, 선택기준은 디지털화 프로젝트를 시작하기 전에 프로젝트팀에 의해 개발되어야 한다. 과거에 사용되었던 선택기준은 아래에 열거되어 있다. 이것들은 우선순위 대로 정리한 것이 아니다. 왜냐하면 우선순위는 프로젝트의 목표에 따라 변하기 때문이다.

- 소스자료의 유일성
- 높은 경제적 가치가 있는 소스자료
- 소스자료의 정보로서의 가치
- 소스문서를 접근할 수 있는 다양한 방법을 제공해야 할 필요성
- 소스문서의 물리적인 조건 또는 연약성
- 기관의 동료나 국민들의 높은 접근 요구
- 리포맷팅을 위한 자료의 적합성
- 저작권 같은 법적 고려사항
- 소스문서의 주어진 선택을 리포맷팅하는 비용과 디지털 대체물에 접근을 제공하는 잠재적 이익의 비교

### 저작권

정부, 기관, 개인에 의해 생산된 많은 기록물에는 저작권이 있다. 저작권은 온라인에서 프로젝트 결과물들을 출판할 수 있는 능력 때문에 어떠한 디지털화 프로젝트에서도 문제가 된다.

---

*저작권 :* 법적으로 설정된 기간동안 생산자에게 그들의 저작물에 대하여 일정의 배타적인 권리를 승인하는 법적 권리

---

정부와 기관은 그들의 지원하에 생산된 자료들의 지적 재산권 뿐 아니라 물리적 실체도 소유한다. 그러나, 등록, 문서과, 기록관리기관은 또한 정부나 기관 외부의 시민들이나 단체

들로부터 온 상당한 수의 기록물을 가지고 있다. 이 경우 물리적인 소유권은 개인이나 단체에게 있지 않지만 이 자료들의 저작권과 지적 재산권은 원래의 개인이나 단체에게 있다.

---

**[연습 20]**

이전의 연습에서 디지털화되는 자료는 무엇이었고, 그것들의 선택 기준은 무엇이었는가? 만일 여러분이 디지털화 프로젝트를 확인할 수 없었다면, 여러분 기관에서 디지털화할 후보 자료군를 생각해 보라. 디지털화가 이 자료군에 가져다 줄 이점 두 가지를 작성하라.

---

## 디지털화 생산과정

디지털화는 실제 스캐닝 과정보다 훨씬 많은 것을 포함한다. 디지털화 생산과정은 다음과 같은 다섯 가지 업무수행을 포함한다.

- 디지털 이미지를 위한 적합성과 이미지를 위해 요구되는 기술적인 필요조건을 평가하기 위한 대상의 분석(이를테면, 책 혹은 문서)
- 대상물의 스캐닝, 색인화, 그리고 변환
- 새롭게 만들어진 전자 파일의 관리
- 정보 네트워킹
- 디지털 문서의 사본을 디스플레이 하거나 출력하기

### 대상물의 분석

디지털화 과정에서는 디지털화를 위한 적절한 자료인지를 결정하고 또 가장 적합한 해상도를 확인하기 위하여 각 대상물을 분석하는 작업하여야 한다. 해상도는 원본과 같다는 확실성을 기준으로 결정하고, 특히 목적이 디지털 보존일 때 해상도는 디지털화 과정에 있어 중요한 결정 요인의 하나이다. 해상도는 주어진 공간에서 소스문서를 표현하는 픽셀 수로 측정되며, 대개 인치당 도트(dpi)로 나타낸다. 인치낭 픽셀 수가 크면 클수록, 해상도는 높다. 디지털 보존을 목적으로 이런 분석을 수행할 때, 이 과정은 벤치마킹(기준점 테스트)이라고 말한다. 벤치마킹은 가장 적합한 해상도 결정을 위해 대수학 공식에 근거한 품질지수의 적용, 캡쳐되어야 하는 가장 작은 중요 세부사항의 확인 등과 같은 조치를 포함한다.

이러한 분석은 또한 스캐닝 유형에 대한 결정을 이끌어 낸다 : 투톤(흑색과 흰색), 그레이 스케일, 또는 칼라 등이 요구된다. 많은 대상물들은 한 가지 유형의 스캐닝에 보다 적합하다.

투톤 스캐닝에서, 픽셀은 색상치 혹은 흑색이나 흰색에 할당되고, 픽셀 또는 도트당 1비트이다. 만일 투톤 스캐닝이 보존을 목적으로 한 것이라면, 소스문서로부터 전체 정보를 캡쳐하는 것을 보장할 수 있도록 인치당 600 도트가 요구되는 것으로 정해져 왔다. 보존이 목적이 아니라 접근을 증진시키는데 목적이 있는 프로젝트라면, 현대 사무문서의 좋은 품질 이미지는 최소 200 dpi의 스캐닝 밀도를 사용하여 캡쳐 될 수 있다.

투톤 스캐닝을 사용한 보존용 디지털화는 문서 당 파일크기가 매우 커지는 결과를 초래한다. 예를 들면, 600 dpi로 스캐닝된 8.5 × 11크기의 페이지는 4,207,500 바이트 혹은 4.2 Mb에 상당한다. 이것은 400 페이지의 책 한권이 1.6 Gb가 된다는 것을 의미한다. 압축이 파일의 크기를 줄일 수는 있지만, 압축은 이미지로부터 데이터의 표본화를 촉진할 것이고 이것은 정보손실을 초래할 수도 있다. 1999년 8월 현재, 압축에 대한 두 가지의 국제표준이 있다. 모든 디지털화 프로젝트는 이미지가 다른 기술들을 가지고도 사용될 수 있고 나중에 시스템들 사이에 이전가능성을 증가시키기 위해 이들 중의 하나를 사용해야 한다.

스캐너는 해당 픽셀을 결정하고 그리고 나서 주어진 픽셀에 흑색이나 흰색 값을 할당하기 때문에, 만일 텍스트가 희미하거나 활자체가 매우 가는 선을 포함하고 있다면 에러가 발생할 수 있다. 스캐너는 바뀔 수 있다. 이것은 스캐너 설정이 스캐닝 과정에서 흑색과 흰색을 보다 잘 검출하고 등록할 수 있도록 변경될 수 있다는 것을 의미한다. 인쇄된 원문 자료, 흑색과 흰색 색상 사이에 매우 뚜렷한 윤곽을 가진 대상물들은 투톤 스캐닝을 하는 것이 가장 좋다.

그레이스케일 스캐닝은 회색명암을 나타내는 픽셀 당 8비트(1바이트)의 할당을 허용한다.

그레이스케일 스캐닝은 이를테면 연속적인 색상과 중간색상 문서와 같이 색조가 미묘한 단계적 변화를 보이고 있는 자료들을 위해 가장 적절하다. 그레이스케일은 또 손으로 쓴 원고에도 적절하다.

칼라 스캐닝은 칼라를 표현하기 위하여 픽셀 당 24 혹은 그 이상의 비트 할당을 포함한다. 칼라 스캐닝은 사진뿐만 아니라 칼라를 포함하고 있는 모든 유형의 문서에 적절하다.

### 이미지 스캐닝, 색인화 및 전송

스캐닝은 아날로그 원본을 디지털 대체물로 생산해내는 것이다. 이를 달성하기 위해서는 적절한 유형의 스캐너를 선택하여야 한다. 스캐너를 선택하는데 필요한 고려사항은 다음과 같다.

- 텍스트 또는 사진 등의 형식, 크기 등 스캔할 자료의 속성
- 스캔되어야 하는 자료의 양
- 기존의 소프트웨어 및 하드웨어와의 호환성, 특히 영상 편집 응용프로그램
- 작업 능률

스캐너는 소스문서로부터 픽셀을 표본추출하고 그것들을 도트나 혹은 픽셀의 격자에 매치 시킨다. 각 픽셀은 그리고 나서 색상치(즉, 흑색, 흰색, 회색의 색조, 칼라)를 할당받는다. 이러한 색상치는 자동화된 시스템에서 2진수(0과 1)형태로 디지털화되어 표현된다.

---

*스캐닝:* 이미지를 컴퓨터가 사용할 수 있는 형태로 전환하는 과정

---

본질적으로, 디지털 이미지는 무엇인가가 빠진 파일이다. 스캐닝 과정만으로는 기록물을 읽을 수 없고 그래서 이미지에 대한 데이터는 보다 더 많은 처리과정 없이는 검색될 수 없다. 그러므로, 스캐닝에는 자동화 시스템에 이미지에 관한 정보를 입력하고 이미지를 색인화하는 과정이 뒤따라야 한다. 이 정보는 이를테면, 소스문서에 대한 정보를 색인화하는 것뿐만 아니라 해상도 및 압축과 같은 스캐닝 과정을 문서화하는 기술적인 데이터를 포함한다. 데이터 입력은 현재의 전자형태로 미래에 이미지의 이전을 위해서도 중요하고, 접근을 보장하기 위한 미래의 이미지 검색을 위해서도 중요하다. 또한 이 데이터입력은 한 기록물이 다른 스캔된 기록물과 어떻게 관련이 되는가하는 문제는 물론 그것의 내부에 관한 기록물의 정황을 유지하는데도 중요하다. 예를 들면, 종이문서 시스템에서 파일 철에 있는 문서들간의 관계는 시각적으로 식별 가능하다. 전자 환경에서는 그렇지 않으므로, 이 모든 데이터가 시스템에 수동으로 입력되어야 한다.

위에서 지적한바와 같이, 디지털화는 원본이나 소스문서의 이미지 결과물이다. 기록물 개개의 색인화는 이미지를 미래에 검색할 수 있도록 하기 위해서 실시한다. 게다가, 만일 연례보고서와 같이 페이지가 많은 기록물이 디지털화된다면, 그 페이지들은 연결되어야 하고 정황과 구조가 재설정 되어야 한다. 그러므로, 만일 예를 들어, 전자환경에서 내용에 대한 표기 적극적인 힝해 도구가 되어야 한다면, 이것은 SGML 같은 도구를 사용하여 수동으로 재구성되어야 한다.

종이기록물을 완전하게 기능할 수 있는 전자 기록물로 재생산하기 위해서는, 원본 종이기록물을 스캐닝하고 광문자인식(OCR) 소프트웨어를 돌리고 나서 전자 출력물들에 대하여 철

자 검사가 실시되어야 한다. 종이기록물을 광문자인식을 적용하여 전자기록으로 완전히 재생산하는 것은 아직은 초기 단계이다. OCR 소프트웨어는 문서를 읽는다. 마지막 결과물은 단지 정지 이미지가 아니라 다른 워드프로세스 문서들처럼 검색가능하고 편집될 수 있는 문서이다. OCR은 어떤 문서에 대해서도 할 수 있지만 정확성은 알파벳 요소를 포함하는 깨끗하고 타이프된 문서 등이 지수함수적으로 훨씬 낫다.

비록 좋은 소스문서라도, OCR 소프트웨어는 99 %의 정확성을 갖는다. 초기에, 이것은 인기가 있었으나 전형적으로 타이프 된 페이지가 250 단어를 포함하는 것이 주어지면, 이것은 찾아서 고쳐야 할 상당한 수의 에러(2.5 당 페이지)가 추가될 수 있다. OCR 소프트웨어는 매년 향상되고 있다. 정확성과 다양한 유형의 데이터와 기호를 읽을 수 있는 능력은 시간이 갈수록 증가할 것이다. 비록 재생산의 경우 완전하게 기능할 수 있는 전자 기록물일지라도, 데이터 입력은 정황을 만들기 위하여 필수적이다. 이 정황은 원본 종이문서와 그것의 전자 대체물 사이에 관계를 기록할 뿐만 아니라 디지털화된 환경, 문서에 대하여 수행된 추가적인 운용을 포함한다.

적용 가능하다면 스캐닝, 색인화, OCR 과정이 필요한 모든 정보를 캡쳐하는 것을 보장하기 위하여 품질관리절차 또한 규정되어야 한다. 많은 디지털화 프로젝트들이 디지털 이미지 생산을 전문적으로 하는 사업자들에게 아웃소싱 된다. 사업자들이 납품한 디지털 파일을 위하여 품질관리절차를 규정하는 것은 매우 중요하다.

### 전자파일 관리하기

전자파일을 관리하는 것은 다음과 같은 다양한 운용들을 포함한다.
- 디지털 파일의 정기적인 백업과 같은 유지와 저장
- 원본에 대한 정확성과 활용을 위한 이미지 조정하기
- 일어날 수 있는 이전에 대한 계획

디지털화 프로젝트의 결과물인 전자파일의 관리는 그것들에 대한 접근가능성이 중요한 요소이다. 프로젝트 계획자는 프로젝트의 수용능력과 규모, 정보를 필요로 하게 될 속도, 수록매체의 신뢰성, 안전성 고려, 비용 등에 대한 분석을 근거로 하여 저장장치를 선택하여야 한다. 디지털화된 이미지 저장을 위한 수록매체 선택은 자기디스크(하드 드라이브), 광디스크, 테이프 등을 포함한다. 이러한 수록매체 선택은 또한 디지털화된 데이터를 온라인, 준-온라인, 오프라인으로 각각 가질 수 있다는 선택을 의미한다. 위에서 알아보았듯이, 저장 조건이 쉽게 기가 바이트에 달해 특히 만일 프로젝트의 목표가 접근이라면 다중 드라이브를 가진 장치가 요구된다.

스캐닝은 디지털 마스터본을 결과물로 만들어낸다. 그러나 이미지를 가장 잘 전달하기 위해서는 정확성을 위해서 이미지 조작이 필요하기도 하고 보다 빈번하게는 활용을 위해 이미지를 스케일링하기도 한다. 만일 이미지가 스케일링되어야 한다면, 디지털 마스터본을 복사하여 활용을 위해 변경하는 것은 이 복사본을 이용한다. 스캐닝이 고해상도로 행해진다면 이 과정은 필수적이다.

디지털화된 이미지의 이전 계획은 복잡한 과정이다. 많은 소프트웨어의 독점적 특성 때문에, 시스템 업그레이드를 위한 선택은 제한될 수 있다. 게다가 이미지에 대한 접근을 유지하기 위하여, 기술적(descriptive), 관리적, 기술적(technical) 메타데이터들이 그것들과 관련되어 있는 이미지들과 같이 이전되어야만 한다. 이미지 및 메타데이터 사이의 관계와 링크를 유지하는 것, 그리고 시간이 지남에 따라 또는 시스템간에 어쩌면 문서의 OCR 버전조차도 중요한 문제들을 불러일으킨다.

### 네트워킹

디지털화된 이미지 또는 재생산된 전자문서 데이터 베이스의 완전한 이점을 얻기 위해서는, 이미지가 기록물 관리직원, 기관의 직원 혹은 연구자들에게 전달되도록 기능적인 네트워크가 필요하다. 디지털화된 영상을 전달하기 위하여 네트워크는 다중 접속이나 검색 시도를 동시에 다룰 수 있도록 충분하게 튼튼해야만 한다. 동시에, 네트워크는 단지 권한있는 기록물 관리직원만이 디지털화된 이미지를 조작할 수 있도록 권한 인증 과정을 통제하기 위해 접근요구를 관리할 수 있어야 한다.

### 이미지 디스플레이하기

디지털화는 유일한 것, 손상되기 쉬운 것 또는 많이 사용되는 기록물에 접근을 향상시키기 위하여 행해지는 것이 가장 적절하다. 디지털화된 문서가 디지털화 프로젝트의 계획 단계에서 어떻게 사용될 것인가에 대해 생각하는 것은 사용자 친근성 데이터 베이스를 만드는 데 필수적이다. 사용자들은 고품질 이미지, 정보의 완전성, 원본과 같은 크기의 차원, 네트워크를 통한 빠른 이미지 전달 등을 원한다 이미지 품질, 정보의 완전성, 그리고 올바른 스케일링은 신중하게 개발된 스캐닝 과정을 통하여 문서과, 자료관, 기록보존소에 의해 어느 정도 통제될 수 있다. 그러나 이미지 품질과 신속한 전달은 사용자의 네트워크와 컴퓨터 질에 달려 있다.

## 디지털화 과정의 아웃소싱(외주)

대부분의 대규모 디지털화 프로젝트는 디지털 이미지를 전문으로 하거나 광문자인식을 통해 읽을 수 있는 텍스트를 이미지로 전환하는 사업자들에게 아웃소싱 된다. 아웃소싱은 - 외부의 사업으로부터 내부적으로 행해질 수 있는 서비스를 구매하는 것 - 몇 가지를 이유로 행해진다. 하나의 이유는 기관이 일관성 있고 실질적인 디지털화할 양을 할 수 있도록 계획하지 않아서 완전히 이용하지 않게 될 장비에 투자하는 것이 비용면에서 효과적이지 않기 때문이다. 또 다른 고려사항은 만일 기관이 일관성 있게 데이터를 디지털화하지 않는다면, 이 부분에서 전문화된 직원들을 유지하는 것이 어려울 것이기 때문이다.

이것이 기록물 관리직원이 디지털화에 대해 배울 필요가 없다는 것을 의미하지는 않는다. 최소한 기관 내에 몇몇 개인들은 디지털화 프로젝트의 목표와 결과에 대한 현실적인 생각을 갖고 또 논리적인 생산 일정과 함께 비용 효과적인 프로젝트를 협상하기 위해 디지털화에 익숙해져야 한다. 또한 사업자들이 제시한 다양한 선택사양을 이해하기 위하여, 다양한 선택사양들이 보존과 접근에 대한 프로젝트 목적에 어떻게 영향을 미칠 것인가를 이해하기 위하여 내부 전문가가 필요하다.

디지털화를 위해 사업자를 선택할 때, 정보에 대한 요구와 제안에 대한 요구에 관해 2장에서 설명하였던 과정들을 따라야만 한다.

> *장비의 선택과 조달에 대해서는 『기록관리의 인적·물적 자원(Managing Resources for Records and Archives Services)』에서 보다 일반적으로 다루고 있다.*

# 요약

이 장에서는 다음을 포함하여 디지털화의 많은 주요 상황들을 설명한다.

- 보존 수단으로서의 디지털화
- 디지털화를 위한 선택
- 디지털화 생산 과정
- 디지털화 과정 아웃소싱하기

보존을 위한 디지털화는 현재 실험 중에 있다. 모든 전자 기록물들에서와 같이, 그들의 확실성을 보장하고, 이미지에 대한 기술적인 정보를 제공하고, 검색 가능성을 만들어 주는 메타데이터뿐만 아니라 디지털 대체물의 이전은 어떤 디지털화 프로젝트의 초기에서도 다루어야 할 필요가 있는 주요한 문제이다. 다음을 포함하여 디지털화에 따른 여러 문제들이 있다.

- 디지털화에 대한 선택은 어렵고 선택을 위한 규정된 어떠한 표준도 없다.
- 특히 법정에서 디지털화된 이미지의 진본성과 신뢰성을 확립하는 것과 디지털 파일을 완전히 사용하기 위한 저작권을 확보하는 것은 어렵다.
- 디지털화된 이미지의 저장과 전송을 위한 표준화된 포맷의 부족
- 미래에 데이터의 이전에 영향을 미칠 수 있는 독점적인 하드웨어와 소프트웨어
- 변덕스러운 최첨단 스캐닝시장. 장비는 급격하게 발전되고 많은 회사들이 유효하지 않은 많은 제품을 생산하면서 시장에 진출하거나 사라진다.
- 어떤 유형의 기록물을 스캐닝 하는 것의 어려움. 이를테면, 손으로 쓴 문서(혹은 기록에 관하여 손으로 쓴 문서를 타이프 한 것), 잉크와 종이간에 저대비로 된 문서, 물리적으로 큰 자료들
- 기록물이 종이(아날로그) 형식에서 전자(디지털) 형식으로 옮길 때 기록물의 정 황과 구조를 재생산하는 것은 어렵고 시간 소모적이다. 특히 기록물의 진본성과 신뢰성이 이러한 정확한 정보를 얻는 것에 달려 있을 때.

이 걱정들 때문에 디지털 보존이 흥미롭기는 하지만, 고도로 실험적인 영역이다. 그러나 접근을 위한 디지털화는 정보와 문서를 사용자들에게 제공하는 매우 효과적인 수단이다.

# 심화학습문제

1. 디지털화의 두 가지 목적은 무엇인가?
2. 보존을 위한 디지털화와 관련된 몇 가지 문제들을 확인하라.
3. 디지털화 프로젝트를 위한 자료들을 확인하기 위하여 사용되고 있는 몇 가지 선택기준은 무엇인가?
4. 디지털화 프로젝트에서 왜 저작권이 중요한 고려사항인가?
5. 디지털화 생산 과정에서의 단계들은 무엇인가?
6. 해상도는 왜 중요한가?
7. 스캐닝의 세 가지 양식은 무엇인가?
8. 스캐너 선택에 영향을 줄 수 있는 몇 가지 요소들은 무엇인가?
9. 디지털화된 이미지 전자 파일의 관리에 포함되는 문제들은 무엇인가?
10. 디지털 이미지에 관계 있는 이전을 고려하는 몇 가지 사항은 무엇인가?
11. 디지털화된 이미지의 디스플레이에 영향을 줄 수 있는 세 가지 요소들의 목록은?
12. 디지털화 프로젝트를 위해 왜 아웃소싱이 고려되는가?

# 연습: 조언

### 연습 19

만일 여러분 부서에 디지털화 프로젝트가 없다면, 시민 서비스 어딘가에 있을 것이다. 만일 그것이 기록보존소를 근거로 하지 않는다면, 그것은 데이터를 보존하기 위해 도입된 것이 아닐 것이다. 그것은 저장공간을 절약하거나 문서로의 다양한 동시접근을 허용하기 위한 것일 가능성이 높다.

### 연습 20

선택기준은 중요하다. 만일 여러분의 기관이 재정기록물들을 디지털화하기 원한다면, 얼마나 쉽게 그것들을 스캔할 것인가? 예를 들면, 수표는 육안으로 볼 수 있는 그러나 전자적으로는 볼 수 없는 뒷면에 매우 희미한 잉크로 된 도장을 갖게 될 것이다. 그러나 저장되어야 하는 많은 양의 수표는 만일 스캐닝하는 어려움이 극복될 수 있다면 디지털화하기에 좋은 후보이다.

### 연습 21

디지털화된 문서는 어떻게 시스템에 저장되는가? 그것들을 개별적으로 색인화 할 것인가 혹은 관련된 문서끼리 함께 색인화 할 것인가? 여러분의 문서 이미지 시스템에서 파일을 확인하는 것은 얼마나 쉬운가? 여기서 문제는 수동 시스템 문서는 파일들을 함께 가지고 있다. 문서 이미지 혹은 문서 관리시스템에서, 문서는 개별적으로 취급된다. 여러분은 정보에 어떻게 접근하기를 원하는가? 여러분은 많은 문서들에 대한 지적인 통제를 유지하고 어떤 파일이 속하는지에 관해 문서들의 정황을 유지하고 있다는 것을 어떻게 보장할 것인가?

# 다음에는 무엇을 할 것인가?

기록물 업무 자동화(Automating Records Services)에 관한 이 모듈은 기록보존관리 기능을 자동화하는 원리와 실행에 초점을 맞추었다. 여기서는 다음과 같은 문제들을 다루고 있다.

- 비효율적인 수동 과정의 재구성을 이끌어 내는 시스템 분석
- 현재 환경의 평가를 통한 자동화 계획
- 자동화된 시스템의 구축과 평가
- 데이터 입력 표준
- 디지털화

각 과를 통하여, 독자들은 나타난 문제들이 어떻게 그들 기관의 환경에 적용될 것인지를 반영하는 질문을 받아왔다. 만일 이러한 연습들이 완성되면, 독자는 자동화 프로그램을 계획하는데 좋은 방향으로 잡을 수 있다. 때때로, 설명서를 읽은 후에, 독자는 상당히 많은 좋은 정보를 가지지만 그러나 어디서 비롯되었는지에 관한 명확한 생각이 없다. 이 과에서는 자동화 프로젝트를 개발하는데 취해야 할 구체적인 단계를 서술하고 행동을 위한 우선순위를 정하는 것을 논의할 것이다.

## I. 행위의 우선순위 정하기

이 모듈에 약술된 원리와 실행은 효과적인 자동화 시스템을 개발하는데 기본이다. 그러나 여러분의 기관에서 자동화를 고려함에 있어서, 무엇이 먼저 행해져야 하는가? 각각의 상황은 다를 것이다.

따라야 하는 단계들을 위하여 제시된 몇몇 우선사항들의 다음 목록을 고려하라. 약술된 몇몇 활동들은 중복될 수도 있고 동시에 발생할 수도 있다.

## 우선순위 1 : 현재의 활동을 조사하기

여러분의 기관에서 사업과정을 지원하는 현재의 기록관련 활동들을 조사하라. 자동화를 위해 자원된 활동들의 초기 평가를 수행하라. 이러한 과정들이 현재 효율적인지 또는 기본적인 수동과정이 재 설계를 요구하는지 아닌지를 확인하라. 이것은 비록 그 과정들이 가까운 미래에 자동화되지 않을지라도 이것은 유용할 것이다.

## 우선순위 2 : 기관전체의 지원 구축하기

여러분의 프로젝트를 위해 기관전체의 지원을 구축하기 시작하라. 외부 연구자들 뿐 아니라 기록물 관리직원, 다른 조직의 직원들과 함께 자동화의 이점을 논의하라. 프로젝트팀을 계획하는 데 있어 동료들과 잠재적인 구성원들을 확인하라. 누가 그 프로젝트를 위해 기관 후원자가 될 것인지 평가하라. 자동화 프로젝트와 전반적인 기관의 목표를 묶는 것을 기억하라.

## 우선순위 3 : 평가과정 정하기

자동화 프로젝트가 시행할 환경의 조사를 용이하게 하는 계획과 평가 과정을 정하라. 이것은 타당성 조사하는 것, 목표, 목적, 우선순위를 개발하는 것, 계획과 평가 단계를 위해 필요한 자원 확인하는 것, 프로젝트팀과 프로젝트 구조를 모아 정리하기, 프로젝트를 위한 지원 얻기와 유지하기 등을 포함한다.

### 우선순위 4 : 자동화 문제 고려하기

자동화 실행 문제에 대해 생각하라. 어떠한 활동 - 이를테면, 직원 훈련과 컴퓨터들이 실제 도입될 때까지 기다리는 것보다는 오히려 지금 현재 할 수 있는 컴퓨터에 대한 초기 오리엔테이션 - 들이 있는지 결정하라.

### 우선순위 5 : 데이터 일관성 향상시키기

수동 시스템에서 현재 수집된 데이터의 일관성을 향상시킬 방법을 고려하라. 도입될 데이터구조에 대하여 그리고 기존의 데이터 내용(데이터입력을 위한 규칙)과 데이터 가치(용어사전 혹은 통제된 어휘 목록) 표준이 이용하는 것이 가능한지에 대하여 생각하기 시작하라. 만일 내부 표준들이 개발되어야 한다면, 자동화에 앞서 그것들의 개발을 시작할 작업집단을 만들어라.

### 우선순위 6 : 평가 계획 개발하기

외부 연구자들 뿐 아니라 시스템을 이용할 기관의 다른 구성원들, 기록물 관리직원들을 포함한 평가 계획을 개발하라.

### 우선순위 7 : 자원 확인하기

자동화 프로젝트를 성공적으로 완성하기 위해 필요한 중요한 내부 혹은 외부 자원들을 확인하고 이러한 자원들에 익숙해져라.

> 보다 많은 우선순위 설정에 관한 정보 (Information on establishing priorities) 를 원하면 『기록관리의 전략계획(Strategic Planning for Records and Archives Services)』을 보십시오

## 2. 도움을 받을 수 있는 곳

많은 기관, 특히 제한된 자원들을 가진 나라들에서는 전자 기록물 작업을 위한 자원에 접근하기가 어렵다. 그러나 보다 많은 정보 혹은 지원을 얻기 위해 갈 수 있는 곳들이 있다.

다음은 지원을 위해 접촉할 수 있는 부처들의 명칭과 주소들이다.

일반적으로 기록물 보존관리에 관련된 다른 조직과 기관에 관한 정보는 『기록관리 참고문헌(Additional Resources for Records and Archives Management)』을 보라.

## 전문적인 협회와 기관

American Society for Information Science (ASIS)

8720 Geogia 가, Suite 501

Silver Spring, MD

20910, US

전화 : +1 301 495 0900

팩스 : +1 301 495 0810

이메일 : asis@asis.org

웹사이트 : http://www.asis.org/

ASIS는 일반적인 문제들의 색다른 해결책으로 다양한 접근에 초점을 맞추어 다양한 분야의 지식을 모은다. ASIS는 만들어진 연구와 새로운 개발을 지탱하는 실행뿐만 아니라 원리들 사이의 차이를 연결해 준다. ASIS는 컴퓨터 과학, 언어학, 경영학, 도서관원, 공학, 법, 의학, 화학과 교육분야의 정보전문가 ; 사회가 정보를 저장, 검색, 분석, 관리, 보존과 분산하는 방법을 향상시키는 데 관심사를 공유하는 개인 등 4000 명의 회원을 가지고 있다.

Association for Information and Image Management (AIIM)

1100 Wayne Ave.,Suite1100

Silver Spring, MD 20910 - 5603 US

전화 (미국 내 요금무료): +1 888 839 3165

전화 : +1 301 587 8202

팩스 : +1 301 587 2711

2 Crown Walk

Winchester Hampshire

SO23 8BB UK

전화 : +44 1962 868333

팩스 : +44 1962 868111

웹사이트 : www.aiim.org

정보와 이미지 관리를 위한 협회는 이를테면, 문서관리, 지식관리, 작업흐름과 이미지화 같은 문서 및 정보관리 기술의 제공자와 사용자들을 모아서 조직되었다. 이러한 조직은 출판물, 하드카피 파일링에서부터 전자이미지화까지 기록물 관리의 모든 면에 적용되는 표준과 도구를 제공하는 메일주문서점을 갖고 있다.

### The Association for Information Management (ASLIB)

Staple Hall

Stone House Court

London EC3A 7PB UK

전화 : +44 0 20 7903 0000

팩스 : +44 0 20 7903 0011

이메일 : membership@aslib.co.uk

웹사이트 : http://www.aslib.co.uk/aslib/

1924년에 설립된, ASLIB는 70개 국가에서 2,000여명의 구성원을 가진 법인이다. ASLIB는 정보자원의 관리에서 최고의 실행을 촉진시키고, 그것의 구성원들을 대표하고, 관리의 모든 면과 지역, 국가, 그리고 국제적인 수준의 정보에 관한 입법화에 관하여 로비활동을 한다.

### Association of Records Managers and Administrators (ARMA International)

4200 Somerset Dr.,Suite 215

Prairie Village, KS

66208-0540 US

전화 : +1 800 422 - 2762/+1 913 341 3808

팩스 : +1 913 341 3742

이메일 : hq@arma.org

웹사이트 : http://www.arma.org/

기록 관리자와 행정관 협회는 미국과 캐나다 그리고 그 외 30개 국가들에서 10,000명 이상의 정보 전문가들의 비영리 협회이다. 다른 직위들 사이에서, ARMA International 구성원들은 기록물 및 정보 관리자, 정보관리시스템과 자동화된 데이터처리 전문가, 이미지 전문가, 아키비스트, 병원 관리자, 도서관원과 교육자 등으로 구성된다.

ARMA 웹사이트는 기록관리와 관련한 링크를 가지고 있고, 초보에서 전문가까지 폭넓은 정보를 줄 대형 서점들이 있다. 가격은 다양하고 ARMA 회원들은 상당한 할인 혜택이 있다. 서점 목록은 http://commerce.shreve.net/armahqstorem에서 접근 가능하다.

**International Council Archives (ICA)**

60, rue des Francs-Bourgeois

75003 Paris, France

전화 : +33 0 1 40 27 63 06

팩스 : +33 0 1 42 72 20 65

이메일 : 100640@compuserve.com

웹사이트 : http://www.archives.ca/ICA

ICA는 세계의 보존 유산의 보존, 활용, 개발에 헌신하는 세계 기록보존 전문기관이다. 특별한 관심을 가지고 있는 ICA 위원회는 다음과 같다.

- 전자기록물과 다른 현용 기록물에 대한 위원회
- 정보 기술에 대한 위원회

**Information Systems Audit and Control Association (ISACA)**

3701 Algonquin Road, Suite 1010

Rolling Meadows, Illinois

60008, US

전화 : +1 847 253 1545

팩스 : +1 847 253 1443

이메일 : chap/coord@isaca.org

웹사이트 : http://www.isaca.org/

ISACA는 IT 관리, 통제, 보안에 관계하고 있다. ISACA는 검색, 표준, 정보, 교육, 증명과 전문적인 지원 등 다양한 서비스를 통한 가치를 제공하는 활동을 한다. 협회는 정보 시스템 감사, 통제와 보안 전문가를 돕고 IT, IT 위험과 보안 문제 뿐 아니라 IT와 사업, 사업과정, 사업위험과의 관계에도 초점을 맞추고 있다. 지역별 지부는 다음과 같다 : 아프리카, 유럽, 아시아, 북아메리카, 오세아니아, 남아메리카, 중앙 아메리카.

International Federation for Information and Documentation (FID)

FID Secretariat

우편번호 90402 - 2509 LK

The Hague

The Netherlands

전화 : +31 70 314 0671

팩스 : +31 70 314 0667

이메일 : fid@python.konbib.nl

웹사이트 : http://fid.conicyt.cl:8000/

1895년이래 90여 개국에 걸쳐 기관과 개인들을 대표하는 FID 구성원들은 모든 시회의 중요한 자원으로서 훌륭한 정보 관리 실행을 촉진해왔다.

International Organization for Standardization (ISO)

Case postale 56

CH-1211 Geneva 20, Switzerland

전화 : +41 22 749 01 11

팩스 : +44 22 733 34

웹사이트 : http://www.iso.ch

ISO는 세계 130여 개의 국가들에 국제표준법인을 가진 세계적인 연맹이다. ISO는 지적, 과학적, 경제적, 기술적인 활동 영역에서 협력하고 발전시키는 것을 도울 뿐 아니라 재화와 서비스의 국제적인 교환을 용이하게 하는 것을 돕기 위한 표준화 개발을 촉진한다.

ISO는 기록보존작업, 특히 마이크로 필름의 품질에 관한, 사진 장비, 종이 품질 등에 관한 많은 표준들을 설립해왔다. ISO 표준은 'ISO'와 이를테면 품질관리와 품질보증을 위한 표준인 ISO 9000나 환경 관리를 위한 표준인 ISO 14000 시리즈 같은 숫자에 의해 확인된다.

특별한 기록은 ISO/TC46/SC11 이다 : 정보와 문서 : 기록물 관리를 위한 국제적인 표준을 이끌어 내는 기록물 보존과 기록물 관리. SC11 사무국의 세부사항은 www.iso.ch에 있는 ISO 문헌에 있어야만 한다.

International Records Management Trust (IRMT)

12 John Street

London WC1N 2EB, UK

전화 : +44 20 7831 4101

팩스 : +44 20 7831 7404

이메일 : info@irmt.btinternet.com

웹사이트 : http://www.irmt.org

위원회는 공식적인 정부기록물 관리를 위한 국가적인 필요조건의 개발 지원을 위해 1989 년에 설립되었다. 기술이 급속히 발전하기 시작함에 따라 기록물이 만들어지고 사용되고 저장되는 방법에 영향을 주었고 혁신적이고 전략적인 해결책을 위한 긴급한 요구가 있다는 것이 명확해졌다. 위원회는 이러한 요구를 지원하기 위해 설립되었다. 자선단체가 교육, 연구와 실질적인 기술지원에 헌신함에 따라, 그것은 프로젝트 작업의 범위를 떠맡기 시작하였다. 프로젝트는 진행되었고 아래 요약된 것처럼, 세 영역에서 발전했다.

- 국가 프로젝트는 공식 기록을 관리하는 지역 공무원과 전문가들을 지원하기 위해 도입되었다. 이것은 법적이고 규범적인 구조를 포함한다 : 조직구조개발, 기록관리 기능의 연속체를 규제하기 위한 국제적인 보관능력을 강화하는 것과 새로운 시스템을 개발하고 소개하고, 관리기록을 위한 절차와 전문적인 능력을 개발하는 것을 포함한다.
- 교육 프로젝트는 영어권 국가들 사이에서 공유될 수 있는 교육적인 모듈과 자료들을 개발하기 위하여 그리고 기록의 중요성에 대한 커다란 인식을 소개하기 위한 수단으로 간주되었다. 그것은 바람직한 곳에서, 이러한 자료들이 다양한 행정 전통을 가진 개발도상국들의 요구사항을 만족시키도록 개조될 수 있도록 고안되었다. 모든 경우에서 목적은 자료가 자금에 관한 심각한 압박이 있거나 한정된 기술과 제도적인 구조를 가진 지역적 인 실체에 관련된 것이 아니라 세계적인 이론과 실제에 일치하게 되는 것을 보장하는 것이다.
- 연구 프로젝트는 이를테면, 재정과 인사 관리, 특히 급속한 기술 변화의 환경에서와 같은 주요 영역에서 잘 관리된 기록들을 위한 요구사항들을 연구하기 위해 도입되었다. 위원회의 연구 프로젝트는 실제 문제들과 그 문제들을 해결하기 위해 요구되는 실제적인 해 결에 초점을 맞추고 있다.

위원회의 프로그램 영역과 프로젝트 작업의 범위와 복잡성은 기술적인 응용의 성장과 확산, 이를테면, 훌륭한 통치, 책임성, 인권, 경제개혁, 투명성과 책임성과 개발을 지탱하기 위한 문화적 유산 등과 같은 세계적인 개발 관심과 함께 확장되었다. 그것의 활동은 기술이나 세계적인 개발의제도 공식기록의 효과적인 통제의 부재를 성공적으로 나타낼 수 없음을 반복적으로 증명하고 있다. 위원회는 그러므로 확장된 수준의 서비스와 개발도상국들이 전자시대로의 이동을 가능하도록 개발도상국을 위한 지원을 제공하는 데에 전념한다.

# 3. 기록관리기관

영어를 사용하는 나라들에 있는 많은 국가, 주, 지방 기록보존소는 작거나 다양한 정황에 적용될 수 있는 훌륭한 전단이나 출판물을 갖고 있다. 많은 협회들은 또한 그들의 웹사이트에서 유용한 정보를 제공한다. 이 목록에서 몇몇 주요 협회들을 강조한다 : 그들의 웹사이트들은 다른 국가, 주 기록보관소와 관련 부처 등으로 가는 링크를 포함하고 있다.

**Archives of Ontario**

77 Grenville Street, Unit 300

Toronto, ON

M5S 1B3 Canada

전화 : +1 416 327 1600

팩스 : +1 416 327 1999

이메일 : reference@archives.gov.on.ca

http://www.gov.on.ca/MCACR/archives/english/index.html


**Library of Congress**

110 First Street, SE

Washinton, DC

20540, US

전화 : +1 202 426 5213

이메일 : lcweb@loc.go

웹사이트 : http://lcweb.loc.gov

National Archives of Australia

PO Box 34

Dickson

Canberra, A.C.T.2602 Australia

팩스 : +61 6 257 7564

웹사이트 : http://www.naa.gov.au


**National Archives of Canada**

395 Wellington Street

Ottawa, ON

K1A 0N3, Canada

전화 : +1 613 996 7430 (도서관)

팩스 : +1 613 995 6274 (도서관)

웹사이트 : http://www.archives.ca


**National Archives and Records Administration (NARA)**

700 Pennsylvania Avenue, NW

Washington, DC

20408, US

팩스 : +1 202 208 5248

웹사이트 : http://www.nara.gov/


**The New York State Archives and Records Administration**

New York State Education Department

Cultural Education Center

Albany, NY

12230 US

전화 : +1 518 474 6926

이메일 : sarainfo@mail.nysed.gov

http://www.sara.nysed.gov


**Public Record Office (PRO)**

Kew, Richmond

Surrey TW9 4DU, UK

전화 : +44 208 876 3444

팩스 : +44 208 878 8905

웹사이트 : http://www.pro.gov/uk

**State Records Authority of New South Wales**

Level 3, 66 Harrington Street

The Rocks

Sydney, NSW 2000

Austrailia

선화 : +61 2 9237 0200

팩스 : +61 2 9237 0142

이메일 : srecords@records.nsw.gov.au

웹사이트 : http://www.records.nsw.gov.au

## 산업 분석가와 컨설턴트

**Doculabs**

본부

1201 West Harrison Street

Third Floor

Chicago, IL 60607

전화 : +1 312 - 433 - 7793

팩스 : +1 312 - 433 - 7795

이메일 : info@doculabs.com

웹사이트 : http://www.doculabs.com

Doculabs는 편견 없는 소프트웨어의 평가를 제공하는 독립적인 산업 분석 기업이다. Doculabs는 전자문서관리시스템(EDMS), 전자문서출력시스템(EDOS), 그리고 개발도구와 인터넷, intranet, extranet 응용물을 위한 구조요소 등을 포함한 정보관리의 모든 면을 위한 현재의 기술 해결을 전문으로 하고 있다.

**Cohasset Associates, Inc.**

505 N. Lake Shore Drive

Chicago, Illinois US

전화 : +1 312 - 527 - 1500

팩스 : +1 312 - 527 - 1552

Cohasset Associates 주식회사는 하드카퍼와 전자기록의 관리에 전문화된 관리 상담기업이다. Cohasset은 매년 자동화된 전자기록관리시스템을 둘러싼 문제 중 최근 연구물, 법제 관련 분석을 내놓는 전자기록관리(Managing Electronic Records)에 관한 회의를 후원한다.

---

**[연습 23]**

만일 여러분의 조직이 위에 언급된 부처에 대한 어떤 정보라도 가지고 있는지 알아보라. 여러분의 조직은 출판물을 받고 있는가, 회담이나 미팅에 참가하는가, 그렇지 않으면 이러한 단체들과 함께 작업을 하는가?

여러분 견해로, 여러분 조직이 제일 먼저 어느 단체와 의사소통 해야 한다고 생각하는가?

그렇게 함으로써 여러분이 기대할 수 있는 것은 무엇인가? 여러분은 어떻게 생산적인 관계를 맺을 것인가?

---

# 4. 추가 자료

자동화 관심에 대한 이용 가능한 많은 출판물들이 있다. 추가 자원 도구 목록은 여기에 열거된 것 보다 훨씬 많은 출판물이다. 이러한 관계서적 목록은 특히 여러분 기관의 자원센터나 도서관에서 가치가 있을 수 있는 주요 업무를 포함한다. 어떤 것들은 다른 것들보다 쉽게 얻을 수 있고 또 어떤 것들은 다른 것들보다 최근의 것일 수 있다. 그러나, 예전 출판물들도 또한 가치 있는 정보를 포함하고 있고 여러분의 나라나 지역에 있는 도서관들에서 세계적으로 아직 유통되지 않은 매우 새로운 출판물들 보다 좀더 쉽게 발견할 수 있다. 중요한 출판물들은 별표(*)로 확인된다.

주요 출판물들은 『기록관리 참고문헌(Additional Resources for Records and Archives Management)』을 보라.

## 저널

ARMA에 의해 발간된 정보관리 저널(Information Management Journal)(Information Management Journal ; 이전에 Record Management(기록관리)로 계간). 이것은 기록관리 분야에서 선도적인 저널이고 시스템 계획과 실행, 자동화된 기록관리 시스템과 기록 관리에 관한 모든 다른 면에 관한 기사를 싣는다.

http://www.arma.org/resource/journal/journal.php3

기록물관리 저널(the Records Management Journal)은 Society of Archives and the Records Management Society와 공동으로 ASLIB(the Association for Information Management ; 정보관리를 위한 협회)에 의해 발간된다. Records Management Journal은 그것의 형식이 무엇이던지 기록의 창조, 처리, 제거, 보유 등의 모든 면에 관한 데이터를 발간한다. 그것은 최근의 연구와 현재의 실제를 강조한다.

http://www.aslib.co.uk/rmj/index.html

기록물 및 정보관리 보고서(Records & Information Management Report ; 이전에 The Records & Retrieval Report)는 88 Post Road West, P. O. Box 5007, Westport, CT 06881에 있는 Greenwood Publishing Group에 의해 발간된다.

## 모노그라피

* ARMA International. *Criteria for Developing/Evaluating Records Management Software.* Prairie Village, KS: ARMA, 19994

  Baca, Murtha, ed. *Introduction to Metadata : Pathways to Digital Information,* Los Angeles, CA : Getty Information Institute,1998

  Cook, Michael. *An Introduction to Archival Automation : A RAMP Study.* (RAMP Study PGI-86/WS/15). Paris, FR : UNESCO, 1986.

  Doculabs, *Special Report on Records Management Systems,* Chicago : Doculabs, 1998

  Green, Adam. *The Elaboration of Policies and Plans for the Automation of Archives.* (RAMP Study PGI-91/WS/19). Paris, FR : UNESCO, 1991

Hedstrom, Margaret. *Digital Preservation*. Boston, MA : MIT Press, forthcoming

Kenny, Ann R. *Preserving Archival Materials Though Digital Technology : A Cooperative Demonstration Project*. Ithaka, NY : Cornell University, 1993

Kenny, Ann R. and Stephen Chapman, *Digital Imaging for Libraries and Archives,* Ithaca, NY : Cornell, 1996

Kitching, Christopher. *The Impact of Computerization on Archival Finding Aids : A RAMP Study with Guidelines*. (RAMP Study PGI-91/WS/16). Paris, FR : UNESCO, 1991. Available electronically through the UNESCO website.

Parker, Elizabeth. *Records Management Software Survey*. Issue 4. Bucks, UK : Records Management Society, February 1998. This survey is updated regularly.

*   Robek, Mary F, Gerald F Brown and David O Stephens. *Information and Records Management : Document-Based Information Systems*. 4th ed. New York, NY : Glencoe McGraw Hill, 1995.

Sutton, Michael J. *Document Management for the Enterprise : Principles, Techniques and Applications*. New York, NY : John Wiley and Sons, 1996.

## 웹 상의 자원

**National Archives of Australia**는 자동화된 기록물 시스템의 개발과 직면한 전자기록물 문제들에 있어 선두가 되고 있다.
http://www.naa.gov.au/index.htm

**National Archives of Canada**는 정부에 제안된 요구를 포함하여 지식의 보고와 주제 분류 지침을 제공한다.
http://www.archives.ca/exec/naweb.dll?fs&0603&e&top&0

**Consortium of University Research Libraries, CURL Exemplars for Digital ARchiveS(CEDARS) Project**는 데이터의 장기간의 보존을 위한 정식적인 장치 없이 디지털 정보 자원의 범위와 양에 있어서의 커다란 증가에 부딪친 도서관과 기록보관소의 요구를 나타낸다. CEDARS 프로젝트는 전략적, 방법론적이고 실제적인 문제들을 표현하는데 목적을 두고 있고 디지털 보호를 위한 최상의 실제 지침을 도서관을 위하여 제공할 것이다.

**피츠버그대학**은, 전자기록물 보관과 장기보존 연구를 위한 센터, 전자 기록물 보관 문제 (디자인, 정책, 실행과 표준)에 초점을 맞춘 연구 센터이다.

http://www.sis.pitt.edu/~cerar/

**미시건대학**은 미국에서 전자 기록물 보관 프로젝트의 개관을 보여주고, 전자 기록물에 대한 연구를 수행한다.

http://www.umich.edu/e-recs/Research/

**브리티시컬럼비아대학**은 전자기록물의 무결성 보존에 관한 프로젝트를 수행한다.

http://www.slais.ubc.ca/users/duranti/intrio.htm

---

### [연습 24]

여러분의 협회 혹은 다른 도서관 혹은 자원센터를 조사해 보라. 자동화에 관해 여러분이 가질 수 있는 책이나 자원은 무엇인가? 여러분의 협회나 다른 곳에서 위에 열거한

이용 가능한 출판물들이 있는가? 만일 그렇다면, 그것들 중 둘 혹은 세 가지를 여러분 신의 조직에서 현재성과 가치를 평가해 보라. 그렇지 않다면, 여러분이 생각하기에 여러분의 도서관을 확장하거나 혹은 개발하는 것에 가장 유용한 출판물 두 가지 혹은 세 가지를 생각해 보라. 어떻게 여러분이 실제 이들을 입수할 수 있는지 기안해 보라.

---

# 요약

이 장에서는 Automating Records Services(기록물 서비스를 자동화하기)에 대한 전체 모듈의 개관을 제공했다. 이 장에서는 행동에 앞서 우선순위를 어떻게 설정할 것인지 논의했고 아래와 같이 행동에 관한 주요 우선순위를 제안했다.

우선순위 1 : 현재 업무활동 조사하기
우선순위 2 : 기관전체의 지원 만들기
우선순위 3 : 평가 과정 정하기
우선순위 4 : 자동화 문제 고려하기
우선순위 5 : 데이터 일관성 향상시키기
우선순위 6 : 평가 계획 개발하기
우선순위 7 : 자원 확인하기

본 과에서는 자동화 계획을 돕는데 이용 가능한 자원을 조사했다.

# 학습문제

- 여러분 자신의 단어로, 이 장에서 제안한 우선사항이 왜 제공되었는지 이유를 설명하라.
- 여러분이 제일 먼저 접촉하려고 선택한 이 장에서 열거된 기관들 중에서 두 개의 기관을 말하고 이유를 설명하라.
- 이 장에서 열거된 것 중 여러분이 제일 먼저 구매하기 위하여 선택한 두 개의 출판물을 말하고 그 이유를 설명하라.

# 연습: 조언

## 연습 22

모든 기관들은 자동화에 의한 발전의 서로 다른 단계에 있는 그들 자체를 발견할 것이다. 유사하게, 모든 사람은 자동화 문제에 대한 다양한 수준의 지식을 가질 것이다. 먼저 핵심 자료를 연구하는 것과 동료들과 함께 그것들을 조사하고 혹은 보다 복잡한 문헌을 읽기 전에 주요 원리와 개념에 익숙해지는 것이 중요하다. 그러나, 동료들과 접촉하고 다른 문헌을 평가하는 것은 가치가 있다. 그리고 전문가 협회에 참여하는 것은 여러분의 사고 폭과 여러분 기관의 사고 폭을 넓히는 한 방법이다.

## 연습 23

만일 자원이 한정되어 있다면, 먼저 국제적인 기관과 의사소통 하는 것이 현명하다. 그렇게 함으로써 그들은 국제적 혹은 지역적인 협회로부터 정보를 얻거나 걸러 낼 수 있다. 따라서 가치있는 정보는 모든 것을 위한 자원을 절약할 수 있는 국제적인 단체를 통하여 여러분 기관으로 넘어간다. 전문 출판물이나 정보를 얻기 전에 기록물 관리 정보에 초점을 맞추는 것도 또한 바람직하다.

## 연습 24

이전 활동에서 언급했듯이, 일반적인 정보를 가지고 시작하는 것, 보다 전문화된 도서를 개발하기 전에 입문서나 개관을 알 수 있는 출판물의 좋은 자원 도서를 갖는 것을 보장하는 것이 중요하다.

## ㄱ~ㅂ

# 『기록관리 전산화』

*책임집필*
마이클 쿡(Michael Cook)
쿡은 옥스퍼드 대학교에서 아키비스트 교육을 받고, 영국 데본(Devon) 지방기록보존소와 뉴캐슬 시립기록보존소에서, 또 리버풀 대학교에서 아키비스트로 근무하였다. 그는 현재 리버풀 대학의 선임연구원(Senior Fellow)이다. 그는 아프리카에서도 두 번 근무한 적이 있다. 그는 1964년 탄자니아 국립기록보존소장으로, 이 분야에 내한 최초 입법을 추신하었나. 1975－77년에는 가나 대학교에서 영어를 사용하는 아프리카 국가를 위한 기록관리 훈련 프로그램을 이끌었다. 그는 세계를 돌면서 기록관리 실무의 자문을 담당하였고, 1984－1988년까지 ICA 교육 및 훈련 위원회의 의장으로 활동하였다. 그는 『정보관리와 영구기록 데이터(Information Management and Archival Data)』 등 4권의 기록관리 실무에 관한 교재를 지었으며, 『영구기록 기술 편람(Manual of Archival Description)』의 공저자이기도 하다. 그는 유네스코와 램프(RAMP) 시리즈에 몇몇 기술적인 보고서를 쓰기도 하였다.

*집필*
앤드류 그리핀(Andrew Griffin)

*감수*
아쿠자(Harry Akussah), 가나 레곤(Legon) 대학교
배리(Rick Barry), 미국 배리 협회
카아(Venessa Carr), 영국 공립기록보존소(PRO)
힐리(Susan Healey), 영국 공립기록보존소
머레이 라차펠(Rosemary Murray－Lachapelle), 캐나다 국립기록보존소
로즈(Jacqui Rose), 전 영국 공립기록보존소
발피(Richard Valpy), 캐나다 국립기록보존소
월포드(John Walford), 전 영국 공립기록보존소

*검증기관*
벨리제(Belize) 기록관리청
케냐(Kenya) 국립기록보존소
말라위(Malawi) 국립기록보존소
싱가포르(Singapore) 국립기록보존소
잠비아(Gambia) 국립기록보존소
자마이카(Jamaica) 서인도(West Indies) 대학교

**기록관리 전산화**

옮긴이  남 성 운
감  수  한국국가기록연구원
펴낸이  조 현 수
펴낸곳  도서출판 진리탐구

초판 1쇄  인쇄  2003년 01월 10일
초판 1쇄  발행  2003년 01월 15일

주소  서울시 마포구 용강동 494-53 (121-876)
전화번호  02) 703-6943, 4
전송번호  02) 701-9352

출판등록일  1993년 11월 17일
출판등록번호  제 10-898호

ISBN  89-8485-052-0